ANDREW MORTON

MEGHAN
A HOLLYWOOD PRINCESS

梅 根 传

从好莱坞到白金汉宫

〔英〕安德鲁·莫顿 著　姜昊骞 译

中国出版集团
中译出版社

图书在版编目（CIP）数据

梅根传：从好莱坞到白金汉宫 / (英) 安德鲁·莫顿 (Andrew Morton) 著；姜昊骞译. -- 北京：中译出版社, 2021.7

ISBN 978-7-5001-6693-1

Ⅰ. ①梅… Ⅱ. ①安… ②姜… Ⅲ. ①梅根·马克尔—传记 Ⅳ. ①K835.617=5

中国版本图书馆CIP数据核字(2021)第136037号

First published in Great Britain in 2018 by Michael O'Mara Books Limited.
Copyright © Andrew Morton 2018
Simplified Chinese edition arranged by Inbooker Cultural Development (Beijing) Co., Ltd.

版权登记号：01-2019-6591

梅根传：从好莱坞到白金汉宫

出版发行	中译出版社
地　　址	北京市西城区车公庄大街甲4号物华大厦六层
电　　话	（010）68359101；68359303（发行部）；68357328；53601537（编辑部）
邮　　编	100044
电子邮箱	book@ctph.com.cn
网　　址	http://www.ctph.com.cn
出 版 人	乔卫兵
特约编辑	任月园　赵　芳
责任编辑	郭宇佳
封面设计	肖晋兴
排　　版	壹原视觉
印　　刷	北京顶佳世纪印刷有限公司
经　　销	新华书店
规　　格	787毫米 × 1092毫米　1/16
印　　张	19.75
字　　数	190千字
版　　次	2021年7月第1版
印　　次	2021年7月第1次

ISBN 978-7-5001-6693-1　　　　　　　　　　定价：78.00元

版权所有　侵权必究
中译出版社

目 录

致　谢　I
前　言　　天上的星星连成了线　　V

第一章　　寻找"智慧"　001
第二章　　童年岁月　015
第三章　　格拉蒂丝街　037
第四章　　你会说"嘿"吗　057
第五章　　超短裙，高跟鞋　079
第六章　　定制明星　093
第七章　　顿悟时分　119
第八章　　看见事物的两面　141
第九章　　当哈里遇上梅根　161
第十章　　走进非洲　181
第十一章　公开恋情　195
第十二章　与女王陛下喝下午茶　219
第十三章　十亿新娘　233
第十四章　婚礼宾客　251

致　　谢

有时，在正确的时间来到正确的地点确实会对写书有帮助。我的妻子卡洛琳是南加州人，我也曾在洛杉矶东北方向的帕萨迪纳住过几年，离洛杉矶市中心只有几千米。梅根·马克尔（Meghan Markle）与哈里王子公布订婚消息时，许多当地人都有关于这位《金装律师》（*Suits*）的女主角的故事要讲，数量之多，着实令人吃惊。帕萨迪纳确实是梅根·马克尔的主场：城中的英伦特色餐厅玫瑰树小栈（Rose Tree Cottage）的老板——埃德蒙·弗赖伊（Edmund Fry）为她上过茶；她现在做房产中介的前男友卖掉了梅根家街对面的一座房子；家长把孩子送到梅根就读或表演过的学校；当地摄影师有成箱的照片，照片中未来王妃的样子从未有外人见过；而位于第六街和格拉蒂丝街交界的"嬉皮食堂"则是中学时期的梅根提供志愿服务的地点。

从帕萨迪纳开始，我首先要感谢我的朋友温迪·科尔哈泽医生（Dr. Wendy Kohlhase），她为我引见了热情而乐于助人的无玷圣心学校（Immaculate Heat High School）的领导和教工：校董莫琳·狄克曼（Maureen Diekmann）和考利·韦布（Callie Webb）在地下档案室中帮我找到了梅根方方面面的信息；老教师克里斯汀·克努森（Christine Knudsen）和玛利亚·波利亚（Maria Pollia）也讲述了自己对这位学生的看法。我还要感谢摄影师约翰·德卢戈莱茨基，他分享了梅根成长过程中的一系列倩影。

同样毕业于无玷圣心学校的好莱坞童星琪琪·珀露（Gigi Perreau），以及拉肯亚达市圣方济各高中舞台剧导演伊曼纽尔·尤拉利亚（Emmanuel Eulalia）为我描述了梅根才华初露的模样。伊丽莎白和丹尼斯·麦考伊（Elizabeth and Dennys McCoy）温情回忆了小梅根的样子。

关于梅根庞杂的家系，我要感谢宗谱学家伊丽莎白·巴纳斯（Elizabeth Banas）和加里·博伊德·罗伯茨（Gary Boyd Roberts）、历史学家克里斯托弗·威尔逊（Christopher Wilson）和南卡罗来纳州大学上州分校教授卡尔曼·哈里斯（Carmen Harris），他们把梅根先辈的生活带到了本书的故事中。梅根的家人小汤姆·马克尔（Tom Markle Junior）、洛斯琳·洛夫莱斯（Roslyn Loveless）和诺埃尔·拉斯穆森（Noel Rasmussen）帮助我梳理了她本人同样复杂的成长经历，莱斯利·麦克丹尼尔（Leslie McDaniel）和其他几位梅根的匿名友人也贡献了自己的看法。塔梅卡·雅各布斯（Tameka Jacobs）和莱拉·米拉尼（Leyla Milani）犀利地谈论了这位她们在《一掷千金》（*Deal or No Deal*）节目中结识的女孩。《金装律师》

剧组的几名成员也搭了把手，不过他们出于职业忌讳而不愿披露姓名。我还要感谢《改变游戏规则的人》(Game Changers)的作者萨曼莎·布雷特（Samantha Brett）。

感谢普罗查斯卡教授（Professor Prochaska）和平等与人权理事会前主席、英国官佐勋章获得者特雷弗·菲利普斯（Trevor Philips），他们探讨了梅根对王室和国家的影响。我还与多名要求匿名的前王室服务人员探讨了这个话题。还要感谢费心追踪梅根生活与事业发展的大众媒体和社交媒体。

同时，还要特别感谢我的两位调研员：伦敦调研员菲尔·丹皮尔（Phil Dampier）和不知疲倦的洛杉矶调研员丽莎·德里克（Lisa Derrick）。另外，如果没有伦敦编辑菲奥娜·斯莱特（Fiona Slater）和纽约编辑格蕾琴·杨（Gretchen Young）的专业能力，以及助理编辑凯瑟琳·斯托帕（Katherine Stopa）和文字编辑尼克·福西特（Nick Fawcett）的热情投入，这本书是不可能出版的。

最后，我还要感谢我在帕萨迪纳的每一位朋友、熟人和邻居，你们的想法、提议和建言为这本书的写作注入了活力。

安德鲁·莫顿于帕萨迪纳

2018年3月

前　言

天上的星星连成了线

　　早在哈里王子扬名世界前，我就听说过蕾切尔·梅根·马克尔了。在律政剧《金装律师》中，她身上散发着卓尔不凡的魅力，一出场便光彩夺目。而在银幕之外，除了做演员，她还是性别平等运动的拥趸者，一直坚持为性别平等发声。因此，当我听说她与英国伊丽莎白女王的孙子恋爱时，老实说，我丝毫没有感到惊讶。随着两人关系的深入，作为一名传记作者，我庆幸自己生逢其时。我的妻子卡洛琳来自南加州，我们在她的老家帕萨迪纳生活过几年，那里也是梅根·马克尔的家乡，她的前男友、同学和老师也都住在那座城市。帕萨迪纳是一个联系紧密的社区，那天，我正要从家里开车出门，却被一个邻居叫住，他建议我去跟当地的一个店主聊聊，说那个人记得梅根·马克尔从前的一些事。在一个愤世嫉俗、混乱不堪的世界，这实际上是一个"小镇灰姑娘成功变身"的老套故事。当然，她闯出的可不是一般的名堂，2018

年5月19日,当梅根·马克尔在温莎城堡圣乔治礼拜堂步入婚姻的殿堂时——她就将创造历史。

在这一代英国王室最后一个重要的婚礼上,哈里王子光彩照人的新娘,将是第一位与英国王室成员结婚的离异、跨种族混血王妃。两人的结合得到了女王陛下的祝福,同时也将为英国王室营造出兼容并包、能够顺应瞬息万变的世界形势的形象。

婚礼期间,在场的800名宾客或许能听到声声低语在与唱诗班的颂歌抢风头,这低语声来自温莎公爵,他定是为此感到震惊。要知道在1936年,他放弃了王位才得以迎娶一位离过两次婚的美国女人。他的坟墓就在温莎城堡附近的弗拉格摩尔庄园。

他之所以不能让一生挚爱的女人做自己的王后,是因为华里丝有两位在世的前夫。华里丝唯一一次获准进入温莎城堡是在她自己的葬礼上:1986年4月,她的葬礼在温莎城堡的圣乔治礼拜堂举行。20世纪50年代,伊丽莎白女王的妹妹玛格丽特公主也面临同样的处境,而她在王室成员的责任和离过婚的情人——空军上校彼得·汤森之间选择了前者。

单就查尔斯王子和戴安娜王妃的小儿子的婚姻,我们就能发现英国王室乃至英国国民,在伊丽莎白二世在位期间已经发生了巨大的变化。梅根与哈里王子的结合是一个富有象征意义的重大事件。

经历了温莎公爵和玛格丽特公主的悲剧之后,尽管不愿承认,但英国王室与其他人一样接受了一件事:离婚已经不再像过去那样被认为是个污点了。20世纪80年代初,当查尔斯王子还在寻觅他的爱情时,如果说让一位离异的美国新娘嫁入英国王室,依然是不可想象的。那时王妃的上上之选还是信奉新教的盎格鲁-撒克逊白人贵族未婚女子。于是,他找到了身段窈窕的戴安娜·斯宾塞女士。然而,两人从结婚到一地鸡毛地离婚引发了一场宪法危机,让老一辈皇室成员及其支持者认为皇室晚辈择选"佳偶"之时务必三思。

在王室之中,王子或公主离婚的情况不独于此:女王的妹妹玛格丽特公主、女儿安妮公主和钟爱的次子约克公爵安德鲁王子都离过婚。他们或多或少都曾卷入丑闻,其中最臭名昭著的绯闻当属安德鲁王子之妻——人称"费吉"的约克公爵夫人,被爆出在泳池边任由她所谓的"财务顾问"吮吸脚趾。

梅根曾与一名电影制片人有过两年的短暂婚姻,但梅根离婚基本没有引起人们的指摘,更没有引发宪法危机。毕竟,未来的国王查尔斯王子也曾离异,还娶了当时的情妇卡米拉·帕克·伯乐斯,两人于2005年4月在圣乔治教堂临街举办了私人婚礼仪式。现在皇室都很新潮了,不管是否离过婚,什么肤色的种族,过去有什么样的风流艳史,温莎王室都能包容接纳。哈里王子与梅根订婚时接受的采访中有一句妙语:"天上的星星连成了线。"

哈里的叔叔约克公爵安德鲁王子看着梅根·马克尔庄严地走过礼拜堂的走廊时或许也在琢磨这句话。对安德鲁王子来说,凌乱的不只是天上的星星,还有他几十年的光阴。36年前,王子意气风发,从他服役的"无敌"号航空母舰的舰桥上跑下来,奔向迎接他的父母——伊丽莎白女王和爱丁堡公爵的身边。

那时，安德鲁王子是全世界最抢手的单身汉，冒着生命危险参加了造成900多人死亡、数千人受伤的马尔维纳斯群岛战争，是名副其实的战斗英雄。

服役归来几周后，时值1982年10月，他秘密飞往加勒比海地区的私人小岛马斯提克岛，女王的妹妹玛格丽特公主在那里有一处房产，名叫丽水别墅。根据最早的报道，之前他和自己的美国女友、好莱坞制片人威布尔·史塔克之女凯特琳·史塔克（昵称"库库"），曾化名"剑桥先生与夫人"，乘飞机去过丽水别墅。

1975年，凯特琳初到伦敦，闯荡演艺圈，作为主角出演了情色片《艾米丽》，这部乏味的电影是爱好文艺的贵族彭布鲁克伯爵的处女作。由于库库宽衣解带的剧照被曝光，大众媒体乃至部分国会成员都要疯了。

甚至从加勒比度假回来，也就是剧照曝光之后，凯特琳和安德鲁的恋情依然延续了很久。凯特琳见过女王，戴安娜王妃认为她跟安德鲁很般配。戴安娜王妃说："可爱的库库很爱他。跟她相处感觉特别好。她很温柔，照顾着他……她的全部精力都投到了他身上。他俩非常般配。"

然而，她早年拍的那部电影带来的污名还是破坏了她与安德鲁的关系。随着她情色片演员的名声传得越来越广，即便那并不是真的，但她跟安德鲁的恋情也宣告结束了。虽然凯特琳只是个名气不大的演员，却是自华里丝·沃菲尔德·辛普森之后，最有机会嫁入王室的美国第一人。

与此相比，梅根·马克尔出演过尺度更大的角色。她在连播多年的电视剧《金装律师》中数次半裸出镜,以至于她一直抱怨编剧总爱写那种让她暴露的场景。

(梅根或许会提到,尽管自己的个人网站 The Tig 上有许多关于性别平等和种族问题的高质量文章,但是王室还是要求她将 The Tig 从互联网上撤下来,而那些非常不符合王妃身份的剧集视频还是人人都可以观看。)

梅根并非第一位嫁入欧洲王室的混血女性,这份第一人的荣誉属于在巴拿马出生的安吉拉·布朗,她现在是袖珍列支敦士登公国的大公夫人,梅根却是首位嫁入英国王室的离异混血美国女性。

介于美国以前实行过奴隶制和种族隔离,种族问题在美国不可避免地引发了诸多争论,然而英国王室对种族问题并不介意。

具有讽刺意味的是,2017 年 11 月梅根与哈里王子订婚的消息公布时,讲述维多利亚女王与印度男仆阿卜杜拉·卡里姆之间友谊的电影——《维多利亚与阿卜杜拉》正在上映。电影讲述了 1901 年,女王去世后,阿卜杜拉在宫廷里饱受敌意,国王爱德华七世继位后便亲自出马,将他逐出白金汉宫,遣送回印度。维多利亚之女比阿特丽斯更是将母亲浩繁的日记里,所有提到阿卜杜拉的内容都删掉了。正如历史学家卡洛里·埃里克森在《小陛下》一书中所说:"一位深色皮肤的印度人和女王的白人仆从们平起平坐是不可忍受的,同桌吃饭、共同生活都被认为是骇人听闻的事。"

作家潘妮·朱诺认为,尽管现任女王没有种族意识,但王宫的1 100名雇员中少数族裔的比例仍只有6%，其中只有大约30人升到了高层职位。尽管在行政部门上层同样存在种族不平衡的问题，但有人提出，王室错失了引领导向种族话题的机会。

梅根并不忌讳谈这个话题，而且她已经意识到宫廷里的有色人种雇员都没有担任重要职位。融入王室生活后，她可能会出手干预。

平等与人权理事会前主席特雷弗·菲利普斯指出，梅根本人的言行举止会传达出一个重要的信号。"她谈起自己的种族身份时是自豪的，这很重要。对有色人种来说，这是一种积极的、与时俱进的做法，一定会大受欢迎。"

梅根不仅是英国种族议题的一部分，她的种族背景也代表了美国公众的态度。这位混血王妃属于洛文世代。洛文世代得名自弗吉尼亚州的洛文夫妇，丈夫叫理查德，妻子叫米尔德丽德。两人在1958年以"混种"的罪名被捕入狱。直到1967年最高法院判决洛文诉弗吉尼亚州案之前，跨种族婚姻在美国的部分州都是违法的。

在20世纪70年代，美国约有6.5万对黑白混血夫妇。到了洛文案裁决10多年后的80年代，这个数字翻了一番，达到12万对。虽然进步很大，但我们要注意的是，当时的美国人口大约是2.4亿。

梅根的父亲是共和党白人，母亲是民主党黑人，她自己正好处在关于跨种族者地位的激烈社会讨论的旋涡中心。因此，梅根的故事不只是女性自我定位的故事，更是在一个她既不被当作黑人，也不被当作白人的世界里定义自我身份的故事。在未来，她还要在规模小得多的王室圈子中找到自己的定位。

尽管梅根是一位独立自强的女性，但有意思的是，她的老师和朋友们会不由自主地将她与那个 D 开头的称呼*相提并论。人们总是会不自觉地将她与戴安娜比较。2018 年 2 月，她一个人私下去拜访伦敦西部肯辛顿地区格伦菲尔塔火灾的幸存者，这不禁令人想起戴安娜曾多次前往伦敦南岸看望无家可归者的事迹。

从她参与各种慈善工作、美艳迷人的外表、广受大众喜爱这几点来看，她与戴安娜有几分相似。但是，梅根在骨子里是与众不同的，她的淡定自如是戴安娜难以企及的。戴安娜刚当王妃的时候尤为紧张；梅根却很有镜头感，丝毫不会怯场。

早在梅根与哈里王子交往的消息传出之前，她的母校洛杉矶无玷圣心学校就经常组织学生观看她在 2015 年联合国女性大会上关于性别平等的发言，以激励女学生。

人们总说，对英美两国的议员或者总统而言，有一份政坛以外的成功事业是好事，免得进入内阁或入主白宫的时候怯场。梅根就是这样。她走进宫廷大门时羽翼已丰：她是一名成功的演员、粉丝量庞大的博主，还是公认的慈善家。

她可以自豪地说自己的血脉中既有奴隶之血也有国王之血，既有仆人之血也有武士之血。她本人的经历更是传奇，而这个故事的起点就是梦想之城——洛杉矶。

---

* 译者注：Darky，意思是黑人，属于种族歧视性词汇。

第一章

寻找"智慧"

多年来，有一个问题一直困扰着她，在她心头萦绕不去：我的家族是从哪里来的，有着怎样的历史？对于被家人亲昵地称为"蕾蕾"和"小花"的蕾切尔·梅根·马克尔来说，这个问题带给她无尽的困惑。她的母亲多莉亚·拉格兰是一名来自洛杉矶的非裔美国人，父亲托马斯·韦恩·马克尔则是宾夕法尼亚州的白人，这个情况让她非常困扰。她感觉自己必须找到一席之地，无论在黑人还是白人的世界里，都要找到一个属于自己的归属与定位。在美国社会，肤色依然分贵贱，是身份和地位的重要决定因素。梅根的肤色比较浅，因此，她经常被认为更像白人。身份问题给她带来困扰的同时，也让她更灵活变通，也就是说，她愿意从不同的视角辩证地看待这个世界。

她曾睁大着眼睛听约瑟夫舅舅一遍遍地讲述外公外婆开车横跨美国的故事：两人借了一辆车，从俄亥俄州的克利夫兰一直开到了洛杉矶，那时她妈妈多莉亚还是襁褓中的婴儿。途经得克萨斯州时，他们遇到了暴风雪，只得驶入一座偏僻小镇暂避风雪。麻烦也就随之而来。他们想找旅馆过夜，但很快就发现这个乡下小镇并不欢迎他们。有人指着外面的大雪冲他们喊道："高速在那边，快滚，这里不欢迎你们。"

因为从克利夫兰到洛杉矶的路与"孤星之州"得克萨斯离得

很远,所以这件事也许只是家族的传说。那时梅根的舅舅才七八岁,那是他第一次真切地体会到种族歧视。他还讲述了那次旅程途中,他们一家去餐厅吃饭,却被要求从"有色人种"专用的后门进入。梅根后来逐渐了解到,母亲一家的历史是由剥削、歧视和不公组成的。对此梅根也有亲身体验,比如,她母亲从停车场开车出去的时候稍微慢了些,就有人叫她"黑鬼",把梅根气得血气上涌,满脸通红。而这个词,是她的祖先——佐治亚州棉花种植园里的黑奴——每天都会听到的。

也难怪梅根对家族世系觉得一头雾水,毕竟母亲那一边实在是太难向上追溯了。解放黑奴之前,关于南方黑人生活的证据自然很稀少。书面记载也很少,大多数信息都是口口相传。我们现在知道,梅根远祖的主人是卫理公会教徒威廉·拉格兰,拉格兰家族的籍贯是英格兰西南部的康沃尔,后来先后移居美国弗吉尼亚州和北卡罗来纳州。

拉格兰和他的奴隶们起先住在北卡罗来纳州的查塔姆县,后来迁往佐治亚州小镇琼斯博罗。为鼓励移民,琼斯博罗当局会定期以抽签的方式赠送土地。照传统来说,黑奴只有主人赐的名,偶尔也会沿用主人的姓氏。现有的少数档案表明,第一位"黑人拉格兰",也就是梅根记录在案的第一位拉格兰家族的先祖,于1830年在琼斯博罗出生,名叫理查德·拉格兰,娶了一位名叫玛丽的女人。尽管理查德大半辈子都是奴隶,但至少他1848年出生的儿子史蒂芬有生之年见证了解放黑奴的那一天:1865年,由亚伯拉罕·林肯总统领导的反对奴隶制的北方联邦战胜了推行奴隶制的南方联盟。根据马萨诸塞州宗谱学家伊丽莎白·巴纳斯发掘出的档案，内战结束时，史蒂芬·拉格兰成为一名佃农。不过，佃农只是奴隶换了个名字，因为绝大部分收成都会以地租和杂费的形式交给白人地主，于是史蒂芬·拉格兰这样的普通佃农长年负债累累。

虽然1865年6月战争结束时，黑奴便获得了自由，但是，大部分前黑奴直到1870年人口普查时才正式登记了姓名。史蒂芬·拉格兰沿用了以前的名和前主人的姓。不过拉格兰这个姓氏可没有威兹德姆（Wisdom）那么浪漫。梅根坚信，当她的五世祖有机会开始新生活的时候，他选择了蕴含智慧含义的"威兹德姆"作为新姓氏。正如她在 Elle 杂志2015年7月刊撰文称："我的家谱永远扑朔迷离，我渴望知晓自己从何而来，我与我的血脉被某种共性连在一起。或许最能将这些与我联系起来的，是我的五世祖为重新开始而作出的选择，他将威兹德姆选为自己的姓氏。"

可惜，经过对梅根家史的认真研究，宗谱学家和其他研究者指出，档案证明史蒂芬保留了原本的姓氏，不过档案写得很简略，也存在自相矛盾之处。他们还发现，他于1869年8月18日与第一任妻子艾伦·莱蒙斯结婚，两人育有4子：安（昵称"得克萨斯"）、朵拉、亨利和杰里米，其中杰里米出生于1881年或1882年，他就是梅根的高祖父。根据人口普查和缴税记录，史蒂芬和艾伦夫妇似乎在琼斯博罗生活了很多年，而且就在自己以前做奴工的拉格兰家的种植园里。实际上，人口普查资料显示，莱缪尔·拉格兰于1870年5月19日去世时,史蒂芬·拉格兰的雇主是莱缪尔的遗孀——时年60岁的玛丽。他的其他亲人都住在附近,包括拉格兰家的维尼和威利,以及莱蒙斯家的查尔斯、杰克、杰瑞、玛利亚和凯瑟琳,他们可能住在种植园的同一所大屋或粗制滥造的小木房里。

现在,琼斯博罗这座小镇闻名遐迩,是反映南北战争时期的名著《飘》的背景地。他们一家在小镇住了一段时间后,举家迁往不远处的亨利县,亨利县的支柱产业是农业,以土地肥沃、出产优质棉花闻名。史蒂芬和两个儿子亨利、杰里米在当地靠租种土地或打短工为生。但是,除了棉花产业以外,亨利县还有一个更可怕的名声:三K党重镇。1866年春天,三K党在亨利县一带兴起,初次亮相就在一场围绕黑人儿童教育问题展开的冲突中私刑处死了前黑奴戴夫·法尔加森。史蒂芬的儿子亨利·拉格兰后来曾遭遇一群带有武装的白人,侥幸捡了条命回来。当地历史学家R.H.汉金森发现,三K党不久后就被肃清了,不过暴力威胁依然存在。

实际上,由于暴力威胁和生活贫困,有不少人去北部或西部寻找出路。20世纪初,史蒂芬·拉格兰的女儿安和丈夫科斯比·史密斯(两人于1892年结婚)带着6个孩子决定去4 800千米外的洛杉矶开启新生活。彼时,洛杉矶经济主要依靠石油开采和柑橘种植,而非电影行业。

在哥哥一家的激励下,史蒂芬家的小幺杰里米和妻子克劳迪·里切(她的父亲很会起名字,给她起名叫马蒂·特尼普西德*）也带着孩子们离开了佐治亚州。1910年前后，一家人迁往田纳西州的查塔努加市，希望能过上更好的生活。克劳迪那年只有25岁。

尽管史蒂芬·拉格兰活到了古稀之龄，但是离乡之后，安和杰里米可能再也没见过父亲一面。1926年10月31日，史蒂芬·拉格兰在佐治亚州保尔丁县咽下了最后一口气，享年78岁。

那时，杰里米和克劳迪总共生了5个孩子，有一个难产夭折。克劳迪在人口普查资料的种族一栏登记的是"mulatto"，也就是混血儿。她在米勒兄弟百货旗舰店做服务员，丈夫杰里米一开始在理发店做杂工和门房，后来自己开了间裁缝铺子。当时，黑人干不了高薪工作，也不能申请贷款。干个体户是改善生活的唯一出路。

拉格兰家的女人在抚养孩子的同时也抓住了出现的机遇。杰里米的女儿，也就是梅根的太姨奶奶朵拉是全家第一位大学生，毕业后当了老师，是全家第一位找到正经全职工作的人。她的妹妹莉莉更有出息，她以大龄学生的身份进入加州大学就读，后来成了一名房地产中介，在洛杉矶创立了自己的公司。由于她取得了卓越成就，还被列入了《非裔美国人名人录》。

她们的几个兄弟相对差一些，一个做服务员，另一个兄弟——梅根的曾外祖父史蒂夫——在查塔努加市中心的洗衣店里工作，负责手动拧干衣物。梅根的舅舅约瑟夫也承认，"我们家就是阴盛阳衰"。史蒂夫的妻子名叫罗伊丝·罗素，她是一名旅

---

* 译者注：原文为Mattie Turnipseed，姓氏特尼普西德的字面意思是芜菁种子。

馆接应员的女儿，结婚时只有十四五岁。1930年人口普查资料显示，夫妇二人当时和年幼的儿子阿尔文·阿泽尔（梅根的外祖父）、罗伊丝的父亲詹姆斯·罗素、一堆侄女和五花八门的房客住在一起。

阿尔文长大以后就离家去俄亥俄州克利夫兰闯荡。他在那里遇到了珍妮特·约翰逊，她的双亲都在五星级酒店瑞吉宾馆工作，父亲是搬行李的服务生，母亲是开电梯的工作人员。第二次世界大战刚刚结束时，珍妮特就嫁给了专业滑板运动员约瑟夫·约翰逊，两人育有一子一女，儿子叫小约瑟夫，女儿叫桑德拉。但约翰逊婚后不久便开始全国巡回表演，抛下了老婆，留珍妮特独自照顾孩子。这时，谈吐风趣、衣着时尚帅气的阿尔文·拉格兰走入了她的世界，很快，珍妮特就心动了。

两人结婚后搬入克利夫兰的一座3层公寓楼的地下室同住。1956年，他们的第一个孩子多莉亚出生了，这就是梅根的母亲。没过多久，阿尔文就带着全家踏上了那场横跨全美的著名家族旅行，目的地是洛杉矶，去投奔那里的亲戚，开始一段新的生活。阿尔文在莉莉姑姑的房地产公司工作了一段时间，后来在洛杉矶市中心开了一家二手杂货店。不过，他当时已经离婚了，珍妮特又一次要独自带孩子生活。1983年5月6日，他再次结婚，对象是学校老师艾娃·伯罗斯，两人的独子乔弗里在婚后几个月就出生了。

这时，多莉亚·拉格兰已经长大成人，正独自抚养自己的孩子。两年前，1981年8月4日凌晨4点46分，她在洛杉矶卡诺加公园内的西园医院生下了女儿蕾切尔·梅根·马克尔。梅根的降生将永远改变拉格兰家族的历史。

♛

梅根家族原本是顶着烈日摘棉花的奴隶，如今竟出了聚光灯下的英国王妃，这实在是一段麻雀变凤凰的非凡传奇。与之前相比，简直是天壤之别。上一个嫁入英国王室的美国人是来自马里兰州巴尔的摩的华里丝·沃菲尔德·辛普森。尽管她离过两次婚，而且两位前夫都还在世，英王爱德华八世还是顶着教会、政府和整个大英帝国反对离异女子进入王室的声浪，坚持要娶她为妻。结果是他宣布退位，1937年6月在一座法国别墅中与华里丝举办了简朴的婚礼。不爱江山爱美人的爱德华八世成就了20世纪最著名的王室爱情传奇。

80年光阴匆匆流过。尽管温莎公爵夫妇爱德华和华里丝会对温莎王室愿意接纳离异女性感到高兴，但他们也对哈里王子迎娶混血女人表示讶异，因为华里丝的娘家沃菲尔德家族积攒的财富正是建立在黑奴的脊背之上的。

沃菲尔德家族自以为是仁慈开明的主人。华里丝的三表哥艾德文·沃菲尔德在1903年当选马里兰州第45任州长，他多次发表过以"我所知道的奴隶制"为题的言论。但是，艾德文的宽容也就到此为止了。竞选州长期间，他大打白人至上主义的牌，认为"没受过教育的黑人"不应该享有选举权。

华里丝小时候家里不算太有钱，她和妈妈属于沃菲尔德家族内部的"穷亲戚"，但她也有一名黑人保姆、一名黑人管家和多名黑人女佣来照顾。他们都是她生活中的一部分，但终究是上不了厅堂的下等人，与主人的关系从来说不上亲近。实际上，她说自己第一次与非白人握手是在第二次世界大战期间，当时她的丈夫温莎公爵出任巴哈马群岛总督，夫妇二人在首府拿索与当地群众握了手。在她和她丈夫的生活里，有色人种从来是没有地位的，最多不过是负责端饮料。在她所处的那个阶级、年代和地域，华里丝和她的朋友们对自己的种族歧视心态既不自觉也不在意。她经常在信件和座谈中使用N开头的那个词汇*以及其他歧视性用语。1896年华里丝出生时，梅根的五世祖史蒂芬·拉格兰还是一个艰难度日的佃农。在圣乔治教堂——这个曾举办过爱德华七世国王以及伊丽莎白二世女王和三儿子爱德华王子在内众多王室婚礼的庄严之所，迎娶一名混血女子，这在当时是不可想象的。

　　但是，梅根不是第一个向这种观念发起挑战的人。2004年，格洛斯特公爵的女儿达维娜·温莎夫人与毛利人（新西兰原住民）盖瑞·刘易斯（昵称"加沙"）结婚，他以前做过剪羊毛的工人，热爱冲浪，还带着孩子。两人在肯辛顿宫举办了一场私人婚礼。达维娜在王位继承顺位上排名第29，夫妇二人之前应邀参加了威廉王子和凯特·米德尔顿的婚礼，现在看来肯定也要出席哈里和梅根的婚礼了。王室家族对格洛斯特公爵的女儿嫁给一名新西兰

---

* 编者注：Nigger，意为"黑鬼"，延伸意为社会地位低下的人，是带有侮辱性质的词语。

第二大族裔的男人并没有表现得大惊小怪。不过，并不是所有英国贵族都如此宽容。2013 年，尼日利亚石油大亨的混血女儿、著名美食作家艾玛·麦克昆斯顿，当她决定与大名鼎鼎的朗利特庄园的继承人韦茅斯子爵结婚的时候，子爵母亲的反应是："我们家族是传承了 400 年的贵族血统，你知道自己在做什么吗？"

讽刺的是，梅根本人并不像很多人以为的那样是外来户，她的欧洲血统可比 400 年要久得多。

大众对梅根的兴趣难免要集中在她黑奴的血统上，梅根的先祖们凭借不懈奋斗在残酷的世界中闯出了自己的一片天。不过，梅根还有大众不太了解的一面：她父亲那一边的血脉可以追溯到苏格兰、英格兰乃至欧洲其他君主国的王室。当她写下"混血儿的家系是一条模糊不清的线，令人错愕的同时又给人启迪"这句话的时候，她从没有意识到自己的身体里同时流淌着国王和奴隶的血液。

首先，她的家系上溯 25 代就是苏格兰国王罗伯特一世，他更有名的称呼是罗伯特·布鲁斯，他或许是苏格兰国王中传闻最为精彩的一位。作为一名传奇战士，他曾藏身洞穴躲避英格兰军队的抓捕。那段时间里，他一直在观察蜘蛛结网。突然蜘蛛掉了下来，屁股上连着一根长丝，它一次又一次尝试乘风摆回网上却都失败了，像极了布鲁斯本人的战场失利。他给了蜘蛛最后一次机会，如果它摆回去了，他就会发起最后一场战斗，解救自己的国家。

蜘蛛成功了，罗伯特·布鲁斯也成功了。1314 年，他在血腥的班诺克本战役中力克英军。此后，他一直稳坐国王王位，直到

1329年去世。他被公认为苏格兰历史上最成功的、最受爱戴的国王之一。

梅根与远方欧洲大陆国王的奇妙血缘联系来自父亲一边的马克尔家族。与许多家族一样，马克尔家族发源于旧大陆，后来扬帆西行，去寻找更好的生活。

马克尔家族源于德国与荷兰地区，来到宾夕法尼亚定居已有数代，出过农民、烧石灰工人、木匠、矿工和士兵。梅根的曾祖父伊萨克·马克尔（昵称"艾克"）身材高大，在宾夕法尼亚铁路公司做消防员。艾克的儿子，也就是梅根的祖父戈登·阿诺德开过加油站，办过鞋厂，最后在小镇纽波特的邮局谋了一份经理的职位。1941年3月，美国加入第二次世界大战前的几个月，他迎娶了来自新罕布什尔州的多丽丝·玛丽·丽塔·桑德斯。

梅根的苏格兰等国王室血统就是从祖母这边来的。梅根身上的些微贵族血统就这样借着远祖罗杰·肖，流进了新大陆。肖是伦敦城内的一名酒商兼外贸商的儿子，于1637年前后从英格兰西部的普利茅斯起航，前往美国的马萨诸塞州。

与许多年轻人一样，罗杰·肖将美国视为希望和机遇的国度。由于其父亲的影响力，当局向他颁发了许可证，允许其"自行判断在合理且紧急的情况下向基督徒和印第安人贩卖葡萄酒及任何酒精饮料，其他情况下则不得贩卖"。他逐渐成了一名自给自足的地主，他自己也会下地耕作，是当地颇有地位的人物。

肖的祖先来自英格兰北部的约克郡，与苏格兰王室沾亲带故。肖氏家族是当地有名望的地主，1490年，族内男丁詹姆斯·肖与克里斯蒂娜·布鲁斯结婚，女方是罗伯特·布鲁斯直系后裔、第六代克拉克马南男爵戴维·布鲁斯爵士的女儿兼继承人。王室血统就是这么来的。

几代之后，多丽丝的家族又一次与王室攀上关系。1856年，多丽丝的四世祖母玛丽·伯德的名字被登记在了温莎城堡的杂务簿里。她起初是一名女仆，就像被延迟了的灰姑娘的故事一样，玛丽的后人如愿以偿嫁给了王子，这也算是圆满了吧。

不过，梅根与英格兰或王室缘分还不止如此。她的祖先还包括英格兰移民克里斯托弗·胡塞，他住在楠塔基特岛，离马萨诸塞州不远，主要产业是捕鲸业。还有1639年来到新英格兰的威廉·斯基普牧师。斯基普牧师的家系很值得一提。根据波士顿宗谱学家加里·博伊德·罗伯茨的说法，由斯基普牧师的王室亲缘和他后人与马克尔家族的联姻，可以肯定梅根是中世纪英格兰国王爱德华三世的第24代子孙。爱德华三世出生于温莎城堡，于1377年逝世，在位长达50年。

罗伯茨还讲道，梅根有一位生活在15世纪的远房先祖，名叫玛格丽特·科德斯通，她是匈牙利和波希米亚王后、肯德尔伯爵加斯东·富瓦·坎得勒之女安妮的祖母；有了玛格丽特这层关系，梅根与欧洲大部分王室家族都有亲缘关系。此外，她还有一些比较偏门的王室血统。斯基普牧师的祖先菲利普·温特沃斯与玛丽·克利福德与已故的戴安娜王妃和伊丽莎白女王都是远房亲戚。按照罗伯茨的说法，由于王室通婚，哈里王子与玛格丽特·科德斯通隔着240多层的亲戚关系，因此王子和他的新娘是八竿子打不着的堂姐弟关系。

加里·博伊德·罗伯茨对梅根评论道:"她五花八门的先祖反映了美国与英国数个世纪的交往史。"

当然,许多祖上来自欧洲的人都可以宣称自己与王室沾亲带故,但对梅根来说,这些血缘关系自然会获得新的意义。非裔美国人和欧洲双重血脉一直在提醒着她:我与别人不同,我是特别的。这种感觉在梅根小的时候尤为明显,现在的她则逐渐学会了承认和接受这一点。

第二章

童年岁月

第二章 童年岁月

梅根之父汤姆·马克尔在20世纪50年代成长,他的经历就像《汤姆·索亚历险记》里写的那样。他与两个哥哥米克和弗莱德是在宾夕法尼亚州的小镇纽波特长大的,在一间装有楔形板屋顶的朴素房子里度过了平静的童年岁月。3个男孩子平时会去门前小路尽头的树林里玩耍,在朱尼亚塔河上钓鲇鱼,夏天还会跑去摘蓝莓,拿回来让妈妈多丽丝做成美味的蓝莓派和蓝莓果酱。十几岁的时候,汤姆会到当地的保龄球馆里摆球瓶打工赚零花钱,有时也会到父亲戈登的邮局办公室里帮忙,顺便在黑白电视里看着他最喜欢的费城人队打出本垒打。

等到汤姆从纽波特高中毕业时,他的哥哥米克已经进入美国空军的通信部门工作。不过,也有人说米克后来被招进了中央情报局。另一个哥哥弗莱德则前往南方投身宗教事业,最后成为佛罗里达州桑福德地区的美国东正天主教会总主教,人称"善盗主教"。

汤姆对未来也有自己的规划。毕业后,他离开纽波特小镇,前往宾夕法尼亚州东北部的度假胜地波科诺山,在当地的一家剧院工作。在那里他掌握了话剧后台的专业技能,而且积累了重要的行业经验。后来,他又在美国公共电视网(PBS)的芝加哥分台芝加哥世界之窗电视台(WTTW)谋了一份灯光师的工作。同时,他还为哈珀剧院工作,新老板布鲁斯和茱蒂丝·萨根夫妇正准备将这座剧院打造成海德公园地区的一处全新的充满活力的文化中心。顺带一提，海德公园地区也是巴拉克·奥巴马的故乡。汤姆很快升为剧院的灯光部主理事，参与过饱受争议的音乐剧《长发》以及多档舞蹈表演、经典俄国话剧、爵士乐音乐会和室内乐音乐会的制作。

汤姆工作很努力，玩起来也要尽兴，他与不少芝加哥大学的学生成了朋友，经常同这些知名私立高等学府的学子结伴出去玩。1963年，19岁的汤姆在芝大国际学生公寓举行了一次喧闹派对，并由此结识了18岁的芝大学生洛斯琳·洛夫莱斯，那时她在附近的美铁办事处做兼职秘书。洛斯琳有1.75米，汤姆有1.93米，同样的高挑身材和红色头发，以及众多相似之处使两个人瞬间心生爱意，洛斯琳喜欢他别具一格的幽默和温柔。次年二人便结婚了，1964年11月女儿伊冯娜出生，两年后（1966年）儿子小汤姆降生。夫妻俩年轻时过得很艰辛，汤姆每天经常要工作18小时，洛斯琳一边做秘书，一边抚养两个孩子，恨不得一个人当两个人用；此外，洛斯琳的妈妈多萝西也会力所能及地帮忙。

尽管每天都承受着压力，他们依然享受着自己的生活，身边有一群有趣的朋友，而汤姆的另类幽默总能把大家逗乐。洛斯琳记得有一次在一家希腊餐厅，汤姆假装自己有一只名叫斯坦利的鹦鹉，把"它"依次传给身边的人，还让服务员别把鹦鹉踩了。"真是搞笑死了。"她回忆道。伊冯娜和小汤姆开始掉乳牙的时候，爸爸就以两个牙齿精灵（一个叫赫克托，一个叫艾瑟尔）的身份给孩子写了封长长的信，讲述了牙齿精灵的生活，还解释了乳牙掉落后会怎么样。有时，他也会带上孩子一起去上班。片场总是充满乐趣，特别是汤姆在为红遍美国的木偶剧《芝麻街》打灯光的时候。小汤姆有不少宝贵的童年回忆：去箭牌体育场看芝加哥小熊队的棒球比赛，在 WTTW 的停车场里开爸爸的车，坐在演播室的灯光架上升到空中，在干冰升华后白雾弥漫的舞台上找硬币，等等。

在孩子眼中，老汤姆是有趣的老爸，只要他在身边，总可以有最好玩的游戏，让人捧腹大笑。不过很可惜，老汤姆并不能经常陪在孩子们身边。孩子们的期待中总是夹杂着失望。老汤姆全身心地投入工作，获得了当地的艾美奖提名，随之也收获了丰厚的薪水。然而事业成功的代价是他的婚姻和家庭亮起的红灯：他经常晚归，在聚会上喝得酩酊大醉，总有纷杂无尽的事情把他从家人身边带走，让他感觉疲惫不堪。小汤姆记忆里很早就有爸妈高声争吵、有人摔门离去和怒气冲冲的话语。20 世纪 70 年代初，夫妻俩决定分道扬镳，当时孩子们还在上小学。

汤姆在芝加哥住了一段时间，周末会去陪陪孩子们。不过，这段日子没有持续多久。他有一个好莱坞梦，1975 年离婚前，汤姆抛下日渐疏远的妻儿，去西海岸开始了新生活。之后几年里，孩子们甚至再也没见过父亲。

洛斯琳的兄弟理查德经常劝她到自己居住的墨西哥州去，于是，她干脆和孩子们搬去阿尔伯克基开始了新生活，他们在那里度过了一段快乐的时光。在小汤姆眼里，理查德舅舅虽然不是父亲，但至少能一直陪伴在他身边，还在停车场里教他开大众甲壳虫汽车，教他如何使用枪械。此外，理查德和洛斯琳的关系也很好。这是孩子们第一次在一个没有怨恨的家庭环境中自在生活。

然而，并非一切都顺心如意。小汤姆是新学校里唯一一名红头发的学生，因此饱受同学的霸凌欺辱。有人偷他的午餐费，还有人寻衅斗殴。他不想去上学，回家时经常带着乌青眼。更糟的事还在后头，母亲有了新男友，名叫帕特里克，是个武术师。一天晚上，他们带着小汤姆去看电影《警察与卡车强盗》，看完回家的途中遭遇抢劫。帕特里克与劫匪搏斗时嘴部和腹部中枪，子弹从小汤姆身边飞驰而过。帕特里克大难不死，小汤姆的心里却留下了阴影。

在学校被欺凌，再加上抢劫事件，小汤姆决定离开阿尔伯克基，去跟父亲同住。老汤姆当时正在南加州的海边城镇圣莫妮卡享受人生，小汤姆去的时候恰好赶上高中开学。

父亲依然是他心中的偶像，姐姐伊冯娜却破坏了他的生活。早在几年前姐姐就搬过来了，这对冤家姐弟成天吵得不可开交。

3人后来从圣莫妮卡搬进了普罗维登斯街的一所大房子，那里毗邻伍德兰山谷乡村俱乐部，小汤姆将楼下的小书房选作自己的卧室。他从朋友那儿买了一张超大号水床，他当时兴奋极了。但是他的兴奋很快变成了失望，因为刚收货没多久，床就漏水了。他查看后发现全新的水床被扎了好几个洞。嫌疑人只有一个，伊冯娜很快就承认是她做的，但她把这件事定义为报复，因为她想要楼下那个小房间。于是姐弟间又多结下了一个仇。小汤姆告诉我："如果她没能从你那儿得到想要的东西，她就会成为你最讨厌的噩梦。"

多莉亚·拉格兰走进了这个吵吵闹闹的家庭。她体态娇小，留着爆炸头，一双水汪汪的棕色眼睛流露着一丝戒备。就是这个女人软化了姐弟俩的父亲老汤姆的心。还没等老汤姆把多莉亚带回家，孩子们就发现了父亲的变化。他比以前轻松自在了许多，经常下班后兴致勃勃地出去玩。简而言之，他变得快乐了。两人是在美国广播公司（ABC）的电视剧《综合医院》片场相遇的，多莉亚当时是实习化妆师，汤姆则是全剧的灯光指导。两人年纪差了12岁，多莉亚的年纪反而跟伊冯娜更接近，尽管如此，他们还是很快坠入了爱河。

多莉亚毕业于费尔法克斯高中，她的学业受到了1971年圣费尔南多地震的影响。地震摧毁了附近的洛杉矶高中，于是洛杉矶高中只能与费高临时合校。多莉亚要从早晨7点上到中午，下午换洛高的学生来上课。尽管有这样的困难，她还是加入了专收成绩优异学生的尖子班。从费高毕业后，多莉亚变卖首饰，在她父亲阿尔文的二手杂货店"旧是新"打打下手，礼拜天去跳蚤市场摆小摊。她还在旅行社工作，因为员工买机票有优惠，方便她去看看外面的世界。

小汤姆对家里多了一口人并不太在意。他忙着滑滑板，开卡丁车，在花店打工，根本没工夫管多莉亚搬进来的事。他还要和新朋友一块玩呢。

至于伊冯娜，她看起来说不上讨厌多莉亚，只是对她很冷淡。她希望老汤姆能利用自己在演艺圈的人脉给自己拉来模特或演员的工作，以前和妈妈住在阿尔伯克基的时候，她就做过珠宝和婚纱模特。而新来的多莉亚却抢走了父亲的注意力,这让她愤愤不平。现在,这名暴躁少女想要在好莱坞的招牌下赚点钱。有朋友来家里的时候,她就会把父亲的非裔美籍女友赶走,按她弟弟的说法,她还管多莉亚叫"用人"。伊冯娜原来最好的朋友如今已经是一名成功的房地产经纪人,他却不记得她说过那样的话,哪怕她真的说过,那边不过是她芝加哥式的辛辣幽默感。话虽如此,据伊冯娜的母亲回忆,她并不是一个包容度很高的女孩。

多莉亚走进他们的生活时,伊冯娜正好迷上了黑魔法。伊冯娜从小就对恐怖的东西特别感兴趣,以前在芝加哥住的时候,她曾从公寓楼的地下室里捡了块崩裂的墓碑带回自己的房间。这一次,据弟弟小汤姆回忆,她买了一本安东·拉韦写的《撒旦圣经》,在房间里安设祭坛,玩通灵板,烧黑色的蜡烛,还穿一身黑的哥特服。这可能只是叛逆青春期的一点小癖好,小汤姆也从没见过她进行任何恶魔仪式,不过他还是对我说,他被姐姐的"怪异"举动搅得毛骨悚然。她经常在夜里出门,到黎明前才回家。伊冯娜的一个朋友回忆起那些年时说,她和伊冯娜会盛装打扮出去跳舞,要是英国乐队来了更是一定会去的。"我们过去都是化全妆,"她说,"可有意思了。"她们出去玩主要是为了搭讪男孩子,与恶魔毫无关系。

姐弟间的你来我往经常比巫术有意思得多。有一次,伊冯娜去小汤姆做兼职的花店找弟弟借钱。趁他和虔诚的基督教科学派信徒同事理查德招呼顾客的时候,她翻开理查德的《圣经》,用口红在上面画了恶魔的标志五芒星。临走前,她又在另一页上写了"666"字样,那是《圣经》启示录里代表恶兽的数字。小汤姆为了报复姐姐,给家里打电话说理查德因为她对《圣经》的玷污而痛苦至极,刚刚冲到路上,结果被公交车给撞了。他的小花招奏效了,伊冯娜赶忙跑回花店查看理查德的"伤势"。

难怪多莉亚会琢磨自己到底干了什么,竟然要掺和到这个纠纷不断的一家人里。爱上比自己大12岁的男人是一回事,一头扎进兄妹俩闹个不停的问题家庭就是另一回事了。不过凭借坚强的个性和清醒的头脑,多莉亚为阴云笼罩的马克尔家带来了一丝家的味道。

她刚来的时候,大家都各顾各的。老汤姆没日没夜地工作,伊冯娜跟朋友去夜总会玩,小汤姆也有一伙吸大麻*的朋友。多莉亚是家里帅气的调解者,有嬉皮士的风范,将一家人凝聚了起来。她很快和他们的邻居、前夜总会歌手奥尔加·麦克丹尼尔成了好朋友,两人经常花上几小时一起去兜风。"要我形容多莉亚的话,她就像是温暖的拥抱。"奥尔加的女儿告诉我。她干得最妙的一件事就是带小汤姆去动物收容所,帮他挑选了一只宠物狗,他给狗起名叫波波。这位吵闹的新伙伴是金毛寻回犬和比格犬的混种,很快成了马克尔家的新宠,定居绿树成荫的伍德兰山谷地区,和马克尔一家人享受拥有5间卧房的豪宅。

到了感恩节,多莉亚邀请马克尔一家跟她的拉格兰家族见面,包括她的母亲珍妮特、父亲阿尔文、同母异父的哥哥约瑟夫和姐

---

* 毒品名称,是世界三大毒品之一,对人体危害大,种植、持有、吸食、贩卖等均属违法。2011年3月,美国缉毒署将合成大麻列为I类受控物质。

姐桑德拉。大家一起享用了纯正南方风味的大餐：地瓜馅饼，秋葵汤，猪蹄和豆子。"那是段开心的回忆，"小汤姆回忆道，"刚跟他们见面，我的内心紧张不安。不过，他们真的很热情，很包容，我一直想要那样的家庭。他们都其乐融融的，确实有一家人的感觉。"

1979年12月23日，他们正式成为一家人。当天，多莉亚和老汤姆在位于好莱坞东边不远处、坐落于日落大道上的自我了悟联谊会圣殿举行婚礼，婚礼地点是多莉亚选定的。但是，即使是在如此开明的环境中，跨种族婚姻还是相当罕见的。

早在汤姆和多莉亚结婚的40多年前，加利福尼亚州便废止了禁止黑人和白人通婚的《反混种法》。但是，直到1967年，美国最高法院才借由里程碑式的洛文诉弗吉尼亚州一案，裁决《反混种法》在全国范围内都违宪。由露丝·诺嘉和乔尔·艾格顿主演的好莱坞电影《洛文》讲述的就是这段故事。

1958年，白人理查德·洛文和黑人米尔德丽德在华盛顿特区结婚。待回到弗吉尼亚州的家中后，两人因违反该州的《种族完整法》而遭逮捕。法官莱昂·巴齐勒提出两人可以缓刑，前提是他们必须离开弗吉尼亚州，且25年内不许回来。洛文夫妇提出上诉，但巴齐勒法官拒绝改判，他写道："万能的上帝创造了白种人、黑种人、黄种人、马来人和红种人，将他们分别置于各个大洲。为避免干预、冒犯上帝的安排，这种婚姻是不被允许的。上帝将各个种族分离的事实已经表明，上帝不希望种族发生混合。"

在全国有色人种促进会的法律辩护基金会、日裔美国公民协会和一批天主教主教的支持下,洛文夫妇最终上诉最高法院成功。最高法院在裁决书中写道,"婚姻是'基本公民权利'之一,对人的存在与存续有着根本性的作用……结婚和不结婚的权利属于个人,无论种族,且不受州当局干涉",并将弗吉尼亚州的反混种法斥为"旨在维护白人至上主义"。尽管最高法院的裁决书实现了跨种族婚姻无罪化,但跨种族结合的夫妇仍然要承受许多人质疑的目光,时不时就要面对种族歧视,有时更会遭遇赤裸裸的敌意。

在婚礼上,老汤姆穿着运动外套,衬衫随意地敞着脖领处的扣子,多莉亚则身穿飘逸的白色婚纱,头上装点着满天星,在教友巴克特南达面前许下了结婚的誓言。巴克特南达强调,这对新人的结合是为了实现"至高的共同善",达到与上帝的统一。两人结婚仅仅一年后,多莉亚就发现自己怀孕了,自我了悟教派信徒的孩子们向来被认为有着开放、好奇的灵魂,因此,夫妇两人迫不及待地期盼着新生儿的到来。好事成双,多莉亚怀孕期间,汤姆正好凭借《综合医院》的灯光与设计工作首次获得日间艾美奖提名。在那之后他还获得过8次日间艾美奖的提名。对一名色盲症患者来说,这可是不小的成就。如果说1980年过得还算不错的话,1981年更可算是好上加好。

进入夏季,天气也越来越热,随着临产日期的临近,多莉亚等得有些不耐烦了。昼间气温经常高达35℃,幸好家里有一台蒸发式冷气机,而且大房子里也相对阴凉。空闲的时候,老汤姆会来装饰婴儿房,给墙面刷漆,还在白色婴儿床周围挂上迪士尼卡通人物和天使的画片。1981年8月4日凌晨4点46分,卡诺加公园内西园医院的产科医生玛尔维斯·马丁宣布,多莉亚和汤姆成为一名健康女婴的父母。她妈妈留意到,这位新加入"伍德兰山谷"姐妹会的成员是狮子座的。狮子座的性格特征是:"热心的行动派,追求被爱和被崇拜。富有王者风范。喜欢站到聚光灯下,因此许多狮子座的人都会投身演艺圈。"这段星座预测简直太准了。

蕾切尔·梅根·马克尔的诞生改变了父亲的生活。"他呀,他真是开心极了,"小汤姆回忆道,"他会抓紧每一分钟时间陪她。我父亲爱她胜过世界上的任何一个人,甚至超过多莉亚。她成为他全部的生活,她是他的小公主。他对梅根爱得不得了。"

梅根17岁的姐姐伊冯娜则懒得搭理她,比起陪小婴儿玩,她对夜总会和化妆更感兴趣。伊冯娜的一位朋友回忆道:"我们当时的感觉就是,'小孩最烦人了'。"她是一个忙着找乐子的青少年,而照顾新生儿当然算不上乐子。可爱的小蕾切尔小名为"蕾蕾"和"小花",伊冯娜不仅对蕾蕾不感冒,而且因为父亲把心思全都放在蕾切尔身上而觉得自己被边缘化了。想起自己长大的过程中父亲经常缺席,现在看到父亲对同父异母的小妹妹关怀备至,她难免会感到嫉妒。

在伊冯娜眼里,父亲没有充分动用人脉帮自己走上模特或演员的道路,这自然成了父女矛盾的一个根源。话虽如此,汤姆有时候确实帮她介绍过一些工作机会,比如让她在《综合医院》里跑跑龙套,或者到《辩护律师》里面演一个连第一段插播广告都没到就被杀死的小角色。不过,她似乎从来没有好好利用这些机会。

家里依然经常搞聚会，多莉亚现在成了一名瑜伽教练，她的朋友会过来放音乐，一起练瑜伽，吃烧烤。从外人看来，马克尔家是一个和睦的大家庭。多莉亚的亲戚会帮新婚燕尔的夫妻俩带孩子，她的妈妈珍妮特也给了很大的帮助。连小汤姆也会搭把手，好让汤姆和多莉亚歇口气。大部分情况下，汤姆和多莉亚似乎都很恩爱，不过后来却逐渐生出了嫌隙。汤姆对工作的热爱不亚于对梅根的父爱。他还是以前的那个工作狂，每周工作八九十个小时都很正常。在他眼中，自己的付出得到了回报，梅根就是他的幸运符。两次获得提名之后，他和《综合医院》制作团队终于凭借"卓越的舞台设计"荣获日间艾美奖。

但是，这一切都是有代价的。多莉亚忙着照顾汤姆的两个孩子，又要照顾亲生女儿，一边创业，一边还要维持家庭运转，并不觉得与有荣焉。尽管错不在汤姆，但他们确实生活在一个以白人为主体的社区。由于多莉亚是黑皮肤，梅根是浅色皮肤，当地人常常以为多莉亚是保姆，经常把她叫住，一脸无辜地问她孩子的妈妈住在哪里。这对多莉亚来讲是莫大的羞辱，她非常不愿意听到这样的问题。

与她相比，工作更像是汤姆的结婚对象。他的第一任妻子洛斯琳亦有同感。渐渐地，难听的话语和大吵大闹从偶尔变成了常态，小汤姆和伊冯娜太熟悉这些声音了，这是感情破裂的声音。马克尔家的朋友们说，汤姆总是在各种大事小情上批判多莉亚，让她渐生倦意。终于，多莉亚受够了这样的日子，回到了妈妈珍妮特家。夫妻俩的一位朋友从旁观角度说："就我所知，多莉亚可不是受气包。她会为自己抗争，也会强硬地保护自己和女儿。她是个直肠子。我信任她的判断力。"

"小花"刚满两岁，夫妻俩就分居了，但又过了5年才最终离婚。汤姆周末负责照顾女儿，周日晚上把女儿送回妻子家。梅根曾对作家萨姆·卡什纳说，他们一家三口后来会并排坐着一边吃晚饭，一边看电视节目《危险边缘》。"我们的关系非常亲密。"她回忆道。或许，这段记忆被加上了宽容的滤镜；作为一个小孩子，她自然希望父母恩爱，而非反目。其他人的看法可不像她这么积极，他们指出汤姆认为多莉亚没有给两人的相聚留出足够的时间，他为此感到不解乃至怨恨。等梅根长大到能看懂《危险边缘》的时候，马克尔夫妇已经离婚。

1945年，露丝·皮斯在好莱坞创办小红屋学校，优先录取洛杉矶演艺界明星的子女。尽管约翰尼·德普的女儿也在该校就读，等在校门外的家长中却很少能看见他本人。不过，红辣椒乐队的贝斯手弗利倒是经常开着自己的订制版奔驰座驾来接女儿放学。学校课程按照瑞士心理学家让·皮亚杰的儿童认知发展四阶段设计，内容丰富，极具想象力，当然价格也不菲：按照现在的汇率算，幼儿园的学费是1.88万美元，六年级更是攀升到2.27万美元。由于学校只接收最优秀、最聪明的孩子，因此年纪稍大一点的孩子都要参加入学资格考试。1983年，多莉亚和汤姆将两岁大的梅根送进了这座精英学校的日托中心兼幼儿园部，多莉亚当时还在接受社工培训。

这个安排对所有人都好。小红屋学校离汤姆工作的ABC电视台的洛斯菲里兹演播室不远，与多莉亚工作的地方只有几分钟路程，离他们在好莱坞南边一点的新家也很近。尽管阅读、写作、数学是核心学习内容，但学生也能接触到从西班牙语到量子力学等各个领域的知识。到了夏天，孩子们会到社区花园参加劳动，还会去利奥·卡里略海滩或附近的格里菲斯公园探险。放学后，梅根会和母亲一块骑自行车或慢跑，而且多莉亚从小就鼓励女儿练瑜伽。她妈妈还要求她帮忙做晚饭，梅根说这项日常活动培养了她对食物和烹饪的喜爱。

同时，学校会组织学生上台演戏，台下坐着自豪的家长，这也让梅根对演戏萌生了兴趣。梅根5岁时就给家长演唱了儿歌《热闹的公车》，后来出演过《欢乐今宵》和《西区故事》。到了万圣节，梅根和她的朋友，昵称"尼基"的尼娜基·普利迪扮成两具尸体讨论各自棺材的大小和舒适程度。还有一次，她在改编版《圣诞怪杰》中出演主角之一，但另一位主角伊丽莎白·麦考伊在开演前几小时患上了急性肠胃型流感，使得梅根不得不努力记两个人的台词。"我这辈子最难受的经历就是背你的台词。"梅根事后对前来道歉的伊丽莎白说道。讽刺的是，当时谁都没有想到要让一个戴着厚底眼镜，金发蓬乱，举止笨拙，隐没在合唱团中的小女孩去顶替伊丽莎白。这个小女孩的名字叫斯嘉丽·约翰逊，如今是全球片酬最高的女演员之一，曾短暂就读于小红屋学校。

现在成为知名编剧兼厨师的伊丽莎白还有另一个感谢梅根的理由。伊丽莎白比梅根小两岁,她承认自己是个"怪小孩"。她头脑聪慧,但很容易热情过头,有些微胖,对UFO、灵异事件、鬼魂这些另类话题感兴趣。其他孩子都觉得她奇怪。她有时还会癫痫发作,不严重,但看起来就像出神了似的,更加让她看起来难以接近。由于癫痫发作的持续时间很短,人们经常以为她是在做白日梦或者不听人讲话。

伊丽莎白发现,梅根与许多孩子不一样,她不会无视或嘲笑自己。第一次看到伊丽莎白癫痫发作时,梅根就坐到她身边帮她,握着她的手安慰她。伊丽莎白还记得,"坏女孩"笑话她的时候,梅根就赶来帮她。她回忆道:"我老被欺负,过得很惨,唯一的寄托就是跟我处得来的小伙伴。我真的特别喜欢梅根。如果我开始谈论奇怪的话题,她不会扭头走开,她会听我讲。她人很酷,说话也很酷。我喜欢跟她在一起。"

显然,梅根继承了母亲是非分明的性格,愿意为自己和他人挺身而出。有一次,"坏女孩"们宣布要办一个"白人女孩专属"社团,想拉梅根入伙。"你们在跟我开玩笑吗?"面对叽叽喳喳的同学,她一句话就把她们打发了。她们随后就静静离开了。

但是,这次风波暴露了梅根纠结的某些事情。她说,操场风波正好发生在1988年圣诞节前后,她爸爸买了两套爱心牌娃娃做礼物,每套娃娃都是标准核心家庭的配置,爸爸妈妈加上两个孩子。他买了一套白人款,一套黑人款,然后把两套混起来,代表梅根的跨种族家庭。接着,他把装娃娃的盒子用亮晶晶的圣诞包装纸包好，放在圣诞树底下。

内心的纠结让梅根更能理解难以融入群体的人。伊丽莎白回忆道："谁对你好，谁对你不好，你一辈子都忘不了，所以我从来没有忘记梅根。她是我见过的最有正义感的人之一。路见不平，拔刀相助，这就是她。有一次，有个女孩欺负我，结果我反过来把她弄哭了。我想要对方赔礼道歉，而梅根站在那个女孩一边，因为是我把她弄哭了。

"梅根想到什么就说什么。别人需要帮助，她就会出手相助。她的态度是：'我看见你受到伤害，那我就要保护你。'她确实是一个正直的人，她会帮助那些有需要的人。她把别人看得比自己还重要。"

就连伊丽莎白的父亲——国际知名动画编剧丹尼斯·麦考伊也对梅根另眼相看。他回忆道："她不是一般的小孩，头脑清醒，聪慧成熟。我们都很惊讶，她想当演员。我们还以为她会去做律师呢。"

10岁的梅根已经激情满怀，热爱辩论，参与各路关于美国种族问题的讨论，特别是1991年罗德尼·金遭到洛杉矶警方殴打的丑闻爆出以后。还有同年爆发的海湾战争，以及1992年克林顿与老布什的总统竞逐，对此她的热情更甚。在一次关于即将打响的海湾战争的课堂讨论中，有个男生哭了出来，因为他哥哥在军队里服役，他觉得哥哥回不来了。这件事成了学校的热门话题，以至于梅根领着一帮孩子举着自己制作的横幅和反战标语牌到操场举行抗议活动。当地洛杉矶电视台（KTLA）频道还派了摄像组去记录抗议的过程。

1992年4月末5月初,梅根所在的洛杉矶发生骚乱。骚乱的起因是4名洛杉矶警员被拍到残忍殴打手无寸铁的黑人罗德尼·金的画面,虽然受到暴力威胁和过度使用暴力的指控,结果却是这几名警察被无罪开释。随着打砸抢烧在洛杉矶街道蔓延,梅根和同学们被送回了家。她好奇地看着建筑着火后产生的灰尘飘落在自家草坪上,还以为是下雪了,但妈妈知道是怎么回事,拉着梅根让她赶紧进屋。即便是返校之后,校园里也弥漫着焦虑的气息,包括梅根在内的孩子会聚在教学楼二层的窗前看警察抓人。骚乱持续了6天,造成63人死亡,2 300多人受伤,超过1.2万人被捕。

这次经历唤醒了她内心萌动的活动家情怀,她决心尽可能地发挥自己的影响力。当时,她已经凭借给各大厂家写信,尤其是食品业巨头,探讨受损食品和包装缺陷而获得了些声誉。厂家总是会给她寄些薯片、饼干等各种小食品作为补偿,而她通常会把写投诉信获得的胜利果实与同学们分享。

她最令人难忘的一封投诉信是写给宝洁公司的,信中提出,该公司的洗洁精广告里有一句性别歧视的台词:"美国各地的女性都在与油腻的锅碗瓢盆斗争。"看这个广告本来是社会课布置的作业,但是两名男同学对洗洁精广告的反应让她火冒三丈。她回忆那两个男生说,"是啊,女人就该围着厨房转"。梅根愤怒不已,明明知道那是错的,但她后来回忆说,感觉自己"太渺小了,没有能力当场反驳"。

她回家后和爸爸说起这件事,爸爸就建议她用写投诉信的方式疏解情绪。她不仅给这家日化大厂的总裁写信，要求将措辞改为"美国各地的人"，还给当时的第一夫人希拉里·克林顿、尼克国际儿童频道《尼克新闻》栏目主播琳达·埃勒比，还有著名的洛杉矶女性权益律师格劳丽亚·奥尔雷德都写了信。

梅根说，第一夫人和琳达·埃勒比都回信表示鼓励，格劳丽亚·奥尔雷德也表示了支持，宝洁公司那边却是石沉大海。但是，一个月后广告再次播出时，她看到自己写的信起了效果：台词已经改成了"美国各地的人都在与油腻的锅碗瓢盆斗争"。由于这次的胜利，电视台又派人来了，埃勒比亲自来采访梅根和她的同学，探寻小学女生独斗跨国巨头的事迹。

"我认为孩子们在成长的过程中不应该接受家务活全归妈妈干的观念，"梅根告诉埃勒比，"大家老是说'妈妈做这个，妈妈做那个'的，但这都不是理所当然的。"过了一段时间，在宝洁风波和其他一些事件的启发下，她加入了妇女权益压力集团——美国妇女组织，这个组织成立于1966年，总部位于华盛顿。她后来骄傲地回忆，她即使不是该组织最年轻的成员，起码也是之一。

20多年后的2015年，梅根在被任命为联合国促进女性参政与领导力使者的致辞中回忆了自己的这段经历。"那时，我意识到自己的行动是有力量的。我11岁的时候就开始呼吁平等，发挥自己一点微小的影响力。"她说道。

尽管童年的经历对她走上活动家的道路至关重要，但她的母亲相信，她从生下来那一刻起就注定要努力让世界变得更美好、更平等。简而言之，她有内在的道德方向感。多莉亚也起到了一定的作用,她在家里很严格,但也会带女儿出去看看伍德兰山谷以外的广大世界。用她自己的话说,她把女儿往"世界公民"的方向培养,会带着女儿去墨西哥瓦哈卡等欠发达的地方。梅根回忆说自己在瓦哈卡时,看到孩子们在尘土飞扬的道路上玩耍,有的小孩子沿街叫卖口香糖就是为了给家里增加几个比索的收入。10岁的梅根和妈妈去牙买加的贫民窟时被当地的赤贫状态吓坏了。"小花,不要一副吓坏的样子,"母亲鼓励她,"去了解,别害怕。"

她的经历不禁让人想起已故的戴安娜王妃,她曾私下带着威廉王子和哈里王子去伦敦市中心看望无家可归者和病人,希望儿子们明白:生活既不起于皇室,也不止于皇室。

投诉信运动、对时事的兴趣、有目的的旅行、性别意识,梅根经历的这些在帮助她踏上女性主义与女性气质并存的旅途的同时,也培养出她既踏实肯干又不拒绝尝试新鲜事物的精神。

有意思的是,在她写信抗议的同时,针对低俗情景喜剧《奉子成婚》的另一场投诉信运动也开始了,而她爸爸正好是这部剧的灯光指导。梅根放学后经常坐在演播室的地上,等爸爸下班后带自己回家。有一次,剧组允许她带几名小伙伴跟演员见面,同学们简直激动坏了。

她安静地坐着读书学习时,舞台上则是各种淫秽场景,有宽衣解带的,有半裸的,还有荤段子。这些可不是小学女生放学后该看的东西。1989年1月,涉及购买胸罩情节的"福杯满溢"一集播出后,密歇根州摩门教徒泰瑞·拉科塔立即发起了抵制运动。这一集里有个情节是阿尔·邦迪色眯眯地盯着百货商店里的裸体模特看。

由于媒体的反对声浪，部分赞助商撤下了广告，保守组织家长电视理事会将《奉子成婚》形容为"最低俗的黄金时段电视剧……充斥着色情台词、手淫、同性恋生活，主角对黄色杂志和脱衣舞俱乐部情趣盎然"。

梅根后来参加克雷格·弗格森的深夜访谈节目时提到，她觉得自己小时候不应该去这部热映多年的喜剧拍摄现场。她对主持人说："对成长中的女孩来说，那是一个很变态的地方。我当时上天主教学校。我穿着校服去片场，结果他们把翠西·劳茨（前色情女演员）请来了。"片子上映后，家里不许她看。不过，她爸爸的名字会在片尾的演职员表里出现，所以她妈妈允许她在这个时候瞄一眼。

片场工作或许确实低俗下流，却能维持家里的基本开销，包括梅根上私立学校的学费。这时，在她不知情的情况下，她爸爸交了一次好运，也使得自己不必再这么辛苦。1990年，老汤姆赢得了加州彩票大奖，奖金高达75万美元。他中了5个数字，里面包含着梅根的生日。要知道多年来，他往彩票站送了好几千美元，这一次总算回了本。

当时他和多莉亚还没有谈妥离婚的财产分割问题，因此他藏匿了彩票中奖的消息。但是，他的贪婪与算计反而害了自己。为避免自己的名字登上中奖名单，他让一名芝加哥的老朋友（现已去世）代替自己去领奖金。据他儿子说，这招最后起了反效果，他的朋友哄骗他合伙做珠宝生意，结果买卖没干成，大半的奖金都赔了进去。

经商失败之前,老汤姆给过儿子一大笔开花店的启动资金,还给女儿伊冯娜买了第二辆新车,因为她把老爹之前买给她的那辆车给撞坏了。

赢大奖不到 3 年光景,汤姆就宣布破产了。事后证明,赢彩票对他来说是祸不是福。不过,他至少还存下了一笔小钱,可以供梅根转到无玷圣心学校就读。这所天主教私立女校离他在洛斯菲里兹的家只有几步之遥,因此,平日也住在爸爸家里似乎是合情合理的做法,毕竟从爸爸家走着去学校就行。可没想到,这个决定深深影响了新学校的老师和同学对她的看法。

第三章

格拉蒂丝街

不够警惕的人不该来洛杉矶市中心的第六街。天黑后，即使是警惕的人也对它避而远之。危险在阴影中潜藏，绝望在小路上游荡。这里是贫民区的核心地带，住着2 000多名无家可归、生活无助的人，来来往往，去留不定。洛杉矶是美国的流浪汉之都。据最新统计，这座"天使之城"大约有5.7万名男女老少露宿街头，地下通道、闲置建筑和其他开放地段经常被大量流浪汉占据。

与贫民区的大部分区域相比，第六街相对有序，有志愿者负责分发水、食物和干净的衣物。在道路两旁的棚户板房中传出的吼叫、呻吟和尖叫声里，还另有一处相对平静的乐土，就在第六街和格拉蒂丝街的交界处。

乐土的名字是"乐施食堂"，俗称"嬉皮食堂"。它隶属于80多年前由多萝西·戴伊和彼得·莫林创办的天主教工人社群，使命是"使饥民有食，流民有屋，患者得照顾，无衣者得蔽体，囚徒得人探望"。志愿者负责发放简单的营养餐食，每天有1 000人左右来领取，队伍可以排到街区转角。对许多人来说，每天就指着这一顿饭了。没有祈祷，也没有布道，只有豆子、沙拉、一大片面包和满满的善心。

这家坚持理想的慈善机构有时会与天主教会、当地警方甚至其他照顾流浪者的慈善机构发生正面冲突。天主教工人运动因抗议对流浪者的不公平对待、美国的军国主义、核武器政策和死刑而闻名。他们组织的静坐和游行示威等公民不服从活动曾导致游行参与者被捕甚至入狱。现年83岁的前修女凯瑟琳·莫里斯，40多年来一直是"嬉皮食堂"的坚定支持者，她已经记不清自己和丈夫杰夫·迪特里希有多少次因为和平的公民不服从活动而被捕了。他们以"快乐的恶作剧者"自诩，这个称呼是由早期崇拜反主流文化作家兼诗人肯·克西的嬉皮士追随者开始使用的。

尽管抗议活动是天主教工人社群教义的重要一环，但他们的主要职责还是为流浪汉和贫民提供食物。梅根·马克尔正是在"嬉皮食堂"小小的户外花园中，看着五彩缤纷的壁画，听着大鸟笼中巴西雀鸟的叽叽喳喳和喷泉的清脆叮咚，获得了只能用"顿悟"来形容的体验。

在妈妈的鼓励下，刚满13岁的梅根第一次去了"嬉皮食堂"，她觉得那里"很吓人"。梅根是20世纪90年代初加入志愿者行列的，那时当地流浪汉的组成已经发生了巨大的变化，以前主要是白人醉鬼老头，现在大部分是暴脾气的年轻瘾君子，有吸可卡因的，也有吸其他致死性毒品的。"我年纪尚小，那里的氛围很粗野，尽管其他志愿者都特别好，我还是有点受不了。"她后来回忆。

要不是3年后与无玷圣心学校神学教师玛利亚·波利亚的一次课堂交流，她可能只是体验一下"嬉皮食堂"，再也不会去第二次了。波利亚老师在"嬉皮食堂"做志愿者已经有好几年了，她在课堂上讲述了自己刚去时的感受以及她是如何直面自己的恐惧和疑虑的。

"那是整个贫民区最恶劣的地方之一,"她说,"气氛最压抑,也最让人觉得痛苦,令人心碎。夜里开车经过的时候,它看起来就像狄更斯书里描绘的场景似的,油桶里面烧着火,人围着油桶取暖。吓人,吓人极了!我一下子醒悟了。"不过,她想传达给学生的想法是:放下自己的恐惧,把无家可归者当人看,与他们接触交流。他们也是人,有名有姓的人,他们有自己的过去,至于未来,希望他们都能有属于自己的未来。

"所谓人生,就是要把他人的需要置于自己的恐惧之上。"她说道。这句话与16岁的梅根发生了共鸣。"我一直谨记那句话。"她后来回忆。

下课后,梅根去找老师谈话,老师实事求是地向她介绍了"嬉皮食堂"志愿者的工作。梅根心有所感,开始经常去"嬉皮食堂",负责盛饭和擦桌子,正面接触来吃饭的人。波利亚老师回忆道:"她学到的东西和我一样——与人交流,这才是人们想要的。有人跟你打招呼,有人记住你的名字。"梅根虚心接受了老师的建议,走上了自己的志愿之旅。

"她刚来就知道该怎么做,真是了不起。她不是盛汤、把饭递出去就结束了,她会与人交流,记住他们的名字,听他们讲自己的故事。"凯瑟琳·莫里斯早就发现,贫民区人人都有故事,可能是倒霉的故事,可能是周而复始的故事,也可能是走错路的故事,每个故事都能开阔梅根的眼界,让她对人生的种种可能产生新的认知。

其他人也有类似于梅根的经历,比如同为志愿者的女学生苏菲·戈尔茨坦,她说自己也感到了恐惧和担忧。"第一次来的时候,

"实话说,我有点紧张,"她在天主教工人运动的博客上写道,"看到那边的情况,我觉得害怕。不过,我慢慢认识了去那里吃饭的人。在'嬉皮食堂'工作的人告诉我,他们往往是生活困顿、付不起账单的人,或者是瘾君子。我必须克服自己的偏见。"

"我意识到,他们都是实实在在的人。他们不是外面成天说的,或者朋友跟你讲的那种疯子流浪汉,不是人们抱怨的那样。"对梅根来说,这是一次坚定信念、改变人生的经历。

在此之前,梅根仅有的工作经历是13岁时到汉弗瑞冻酸奶店里打工,负责接待顾客和倒垃圾,时薪4美元。根据加利福尼亚州的法律,在校未成年人每周可以工作10—12小时。店主宝拉·谢夫特尔对《每日镜报》说:"她必须证明自己性格外向,能够与同事合作。很多孩子受不了压力。那么小的年纪干这个活,肯定是性格中有特殊的地方。梅根很早就形成了这种特殊的性格。"在快节奏的冻酸奶店里,梅根获得了很多锻炼人际交往能力的机会,但她还学到了一样于日后很有用的东西。一天下午,梅根看到了电视剧《海滩救护队》的主演亚斯明·布利斯,她很喜欢这位女星。倒完垃圾之后,梅根走到她身边,脱口而出:"我喜欢你拍的 Soft & Dri 香膏广告。"布利斯笑着问她叫什么,还跟她握了手。梅根后来说:"我之后跟粉丝互动的方式就是跟亚斯明学的。"

一个是比弗利山的冻酸奶店,一个是第六街和格拉蒂丝街交界处的"嬉皮食堂",两者可谓天差地别。就像跟着妈妈去墨西哥和牙买加的旅行经历一样,"嬉皮食堂"的经历也提高了她敏锐的意识。后来,她在评论《改变游戏规则的人》一书时说道:"是啊，我们应该保证自己的安全，永远不要踏入险地。但是，一旦确保安全了，我们就应该记住有人需要我们，只要你保持一颗开放的心，给予、帮助、行动都是一种恩典，不要只蜷缩在自己的一方小天地里。"

如果说这是梅根精神之旅的现实一面，那么，她与天主教神学家多玛斯·牟敦著作的相遇更显现了她骨子里的好奇心和成熟的情绪。在这个非黑即白的世界中，牟敦灵活跳跃的思想总是游走于灰色地带和未被提及的可能性之间，实在难以简短地概括。"在陷于个人情绪困惑、纠结于个人问题的同时，梅根接纳并喜欢上了牟敦的理念，她上的神学课主要讲的就是牟敦。"她以前的老师玛利亚·波利亚说道。

牟敦堪称20世纪最具影响力的美国天主教作家，他的自传《七重山》销量超过100万册。他的一生动荡而艰难，在英国剑桥大学克莱尔学院就读期间还要抚养一个孩子。他曾在青年共产主义联盟待过一小段时间，后来还在1939年进行了天主教坚振礼，那时他25岁左右。1941年，他加入了位于肯塔基州以不懈追求精神境界闻名的特拉比斯隐修会。他不是认准了事实就不变的人，不承认绝对的真理；他也认识到了宏大的矛盾，即存在的悖论与两重性。

对一名被单选题和短句子包围的16岁美国少女来说，牟敦的书是繁复的、很难读懂的。然而，或许是由于自身的双重种族背景，梅根为这位美国神学家的著作所吸引和鼓舞。"她是一个追寻知识的人，她特别想要与人交流。"波利亚老师回忆。她的身份带给她的困惑引发了一个现实的问题。在无玷圣心学校上七年级的时候,她在英语课上需要填写一张表,表上有一个问题和她的种族背景相关,但是没有"跨种族"这个选项。牟敦的思想正适合开解这种困境。

她把笔放下,没有答这道题,因为她不想对父亲或母亲不敬。"于是,我没有打钩,"她后来回忆,"身份留白——一个问号,一个绝对意义上的残缺——我当时就是那么感觉的。"当天晚上,她找爸爸谈这段经历时,她能感觉到爸爸有保护女儿的强烈欲望,却又无可奈何。他告诉她,"要是再有这种事,你给自己加一个选项"。

1997年,有一堂题名为"体验上帝"的神学课鼓励了梅根跳出惯性思维,而她也证明自己没有被多玛斯·牟敦神父和其他神秘主义者发起的智识挑战吓倒。这堂课让学生第一次进入"没有标准答案"的领域,要想上好这门课,光会背课文可不行。波利亚老师对我说:"成年之后,我们会明白世界上有太多自相矛盾,太多极端对立,人生就是不断遭遇难解的谜题。很少有小孩子能够顺畅地进行这种对话。当然其他孩子迟早会跟上步调,但梅根在当时就对此有兴趣,想要深入探究那些问题,她愿意学习那些新概念,没有被吓倒。真是了不起。有人会问:'如果没有哈里王子的话,你会记得她吗?'答案是肯定的。我这辈子教过的学生里面,她能排进前五。我可不是随口乱说的。"

在这门哲学课上,一个现实生活的矛盾摆到了梅根和同学们面前。一位年轻的母亲,一位迷人的、风华正茂的人道主义者,她怎么会死于车祸这样平庸的惨剧呢？1997年9月初，梅根和朋友们收看了戴安娜王妃的葬礼，镜头转到棺椁特写时，大家都难过地哭了。白花中间放着一个信封，上面只有一个词——妈咪，那是哈里王子写给挚爱的母亲的最后一封信。想弄明白悲剧为何降临在这位当代偶像身上的人不止梅根一个。网络和其他地方涌现出了多达几十种阴谋论，因为有数以百万计的人都想弄明白这没道理的惨剧中的道理。

她也不是唯一对戴安娜逝世感到切肤之痛的人。听说悲剧发生后，她和朋友苏济·阿尔德卡尼坐下来重温了1981年查尔斯王子与戴安娜·斯宾塞大婚的录像。苏济说，戴安娜让人着迷的地方不仅是绝代风华，更在于独立承担起的人道主义使命，戴安娜是她的榜样。在王妃的鼓舞下，梅根和苏济为贫困儿童募集了一批衣物和玩具。梅根对戴安娜特别感兴趣，苏济的妈妈索尼娅甚至送了她一本我写的传记《戴安娜：真实的故事》，这本书在她的书架上摆了好几年。她的儿时伙伴尼娜基·普利迪说道："她一向对英国王室特别感兴趣。她立志要当第二位戴安娜。"

戴安娜的死勾起了阿尔德卡尼一家的痛苦回忆。两年之前，他们的生活也为无常的命运所改变。1995年的一天下午，苏济的爸爸马特·阿尔德卡尼正在市中心的修车铺里工作，这时一名发疯的越战老兵冲了进来，老兵之前杀了家里人，现在到处随意射击。马特肺部和脊柱中枪，被送进了医院。苏济得知消息后就哭了，第一个去安慰她的人就是梅根，梅根还陪她去医院守了好几个小时。

苏济的妈妈索尼娅回忆道："她和苏济在马特的病床边守了好几个小时，祈祷他能挺过来。我们觉得一定是祈祷实现了。"尽管马特终身瘫痪，但毕竟保住了性命，而且依然在工作。

梅根具有天生的共情能力，一直践行无玷圣心学校校训中回馈社会的要求，而且她性格成熟、思虑周全、阳光开朗，因此在1998年秋季的一次"把握生命时机"宣教课程*中，她成为组长的不二人选。与全美数百家天主教学校一样，无玷圣心学校经常组织学生参加"把握生命时机"宣教课程。

这次课程为期4天，地点是恩西诺的圣灵退修中心，学员分成6个讨论组，每组8人，由一名女生担任组长，组长的责任是鼓励组员参与和辩论。组长最艰巨的一项任务是要做30分钟的演讲展示，主题很多、很难，从自我认识和信任他人到核心价值观和自我探索，等等。

无玷圣心学校的教师克里斯汀·克努森组织"把握生命时机"宣教课程已有23年了，她向我介绍了组长人选需具备的素质："你要找那种有经历、有深度的女孩。因为梅根有过与自身困惑作抗争的经历，她的思想和言论都体现出了其深度。"

显然，这里所说的抗争就是她来自离异家庭这件事，父母在她很小的时候就开始分居，后来又离婚了。"我知道她很难过，爸爸在这边，妈妈在那边，两人感情也不好。"克努森老师回忆。其他学员也有父母离异的，她应对父母离婚的方式却与众不同。与

---

* 译者注：原文为 Kairos retreat，Kairos 在希腊语里是"关键时刻"的意思。

许多离异家庭的孩子一样,她成了一名小"外交家",调解父母间的冲突。父母间的不信任教会了梅根重要的一课:如何控制自己的情绪。"她非常淡定,"一名学校里的朋友说,"这可不容易,她有时觉得自己只能选边站。"

年纪渐长,她越来越觉得自己在像母亲一样照顾自己的父亲。这是摩擦的一大来源,这个问题在她开始谈恋爱的时候尤为明显。她有个朋友说得好,"都是青少年常遇到的事"。

虽然梅根当时没有公开讲,但是显然还有其他一些问题在困扰着她。融入集体是一个老生常谈的问题。她后来回忆道:"我的高中有几个姐妹帮:黑人一帮、白人一帮、菲律宾裔一帮、拉丁裔一帮。我跨了种族,所以两边不靠。于是,每天吃午饭的时候,我都只能忙着参加活动:法语社、学生会,只要能让我12点到1点之间有事干就行。我倒也不是多投入,只因为这样就不用一个人吃饭了。"

摄影师约翰·德卢戈莱茨基曾跟拍过梅根和同学们的高中生活,他注意到,梅根似乎从来没有加入非裔美国人、亚裔或其他族群圈子。他还说,"同学们从来不觉得梅根是混血儿,我们只看见她跟爸爸汤姆在一块,没见过她妈妈"。因此,老师们后来跟妈妈多莉亚见面时有一点点惊讶。"大家都觉得(梅根)是意大利裔,因为她的肤色不深,"一名教过她的老师说道,"后来我们见到她妈妈时才明白她是混血儿。"

她在"把握生命时机"宣教课程探讨自己的问题时显得镇定自信,至少在那些与家庭不和谐有关的问题上还是很冷静客观的,她的亲身经历让她能够鼓励同学们直面自己的问题。2016年，她在 Sharp 杂志发表的回忆文章中写道："中学的漫长时光里，我是一个长着奇怪鬈发、牙齿中间有大豁口、腿瘦得皮包骨的女孩。我一直是学霸。我的整个自我认知就是学霸。"

克努森老师回忆道："你必须坦诚地对待自己的身份，愿意将你的挣扎、你的成功、你的失败全部分享给别人。她表达能力强、自信、有活力、有精神。我记得她说过这么一句话：'我们为什么不能这么干？有人叫我们不能这么干吗？'她总是在考虑如何把事情做好，而不是一味地怨天尤人。"

参加"把握生命时机"宣教课程的经历成为许多学生的生活转折点，这是一段诚实面对他们自身情绪问题的时光。转变的关键就在于明白同学们也有各自的苦恼。"在课程中我们都能敞开心扉，队长是奠定讨论基调的人，"克努森说，"那时的氛围就好比'我愿意说实话，反过来你也愿意跟我说实话'。因此，现场有很多人哭，但那是发泄疗伤的哭。打开天窗说亮话，你就明白人人都有自己的难处，不管表面看起来多完美，但实际上没有人是完美的。"

尽管来自离异家庭和跨种族的孤立感给梅根的童年生活造成了许多痛苦，却也为她追求人生最高理想提供了原动力。梅根从小就想当好莱坞影星。她会在卧室的镜子面前练习获奖感言，幻想着有朝一日赢得奥斯卡奖。长寿综艺节目《演员工作室》的主持人詹姆斯·里顿经常提醒观众：大多数演员都出身离异家庭。往往痛苦万分的家庭经历正是他们在演艺界一飞冲天的强大内在动力。

从进入无玷圣心学校的第一天开始，梅根就全身心投入了戏剧社。戏剧社不仅是梅根追梦路上的一个助力，更有一项特殊的功用。它是一个敞开胸怀迎接所有人的俱乐部，一个不叫姐妹会的姐妹会，一个关系紧密的大家庭。一个荣获6次日间艾美奖的人告诉我："你在别处可能格格不入，但在这里总会有归属感。"

除了上台表演以外，梅根还担任过许多职务，其中一个就是格内修斯社的社长，这是一个致力于保存表演文化，积极主办或参与校园剧、戏剧节和业余舞台剧的团体。但是，由于她没有"官职"，所以在学生会里总是边缘人物，从来没有真正融入。

无玷圣心学校总能请来许多好莱坞大腕当校园话剧和音乐剧的导演或制作人，包括发音指导蕾切尔·劳伦斯、编舞兼《泽西男孩》主演约瑟夫·利奥·博瓦里，其中最有名的是曾经的小童星琪琪·珀露，她有一部作品可是上了好莱坞的星光大道。珀露首次登上银幕时只有两岁，在1943年的电影《居里夫人》中扮演葛丽·嘉逊的女儿。10岁的时候，她已经在25部电影中登过场了，在1950年的惊悚片《墙上的影子》中她还曾与南希·里根同台对戏。息影之后，时年75岁的珀露女士决定利用自己的经验帮母校排演话剧和舞台剧，此外她还开了门戏剧课。

珀露见证了梅根在无玷圣心学校从一个瘦弱的小女孩成长为

一名美丽自信的年轻女士的过程。她告诉我:"梅根特别让人省心,很会表演,背台词非常专注、用心。她是个好学生,从小就是个可爱的姑娘,而且很刻苦,做事特别投入。我就知道她肯定会有出息。"

师生在戏剧课上经常讨论时事。在珀露的记忆中,梅根是一个很有好奇心的年轻人,喜欢听珀露讲自己在法国和其他欧洲国家的故事。她特别想探索"好莱坞"大招牌以外的世界。

她爸爸总会在她彩排的时候过来。他在《综合医院》剧组的时候几乎年年获得艾美奖提名,最终也如愿以偿真正获得了艾美奖,于是他很快就被拉进了戏剧社,凡是梅根参演的校园剧,他都会担任技术指导。大部分学生都不知道他是梅根的爸爸,一般都叫他"总务大叔"。剧团成员比较尊重他,叫他"马克尔先生"。"他喜欢被当成大男人,"珀露女士回忆道,"不过,他对女生总是很大度。要是彩排得晚了,他就会出去买麦当劳回来给她们吃。他还很谦和,从来不争功劳。"他单身、性格内向,珀露承认自己"有一点喜欢"这个总务处的魁梧男子,他显然在努力独自抚养十几岁的女儿长大成人。她跟他约会过一次,两人去了好莱坞和藤街南边的杜立特剧院看了场话剧。尽管两人相处甚欢,但并没有进一步的发展。

老汤姆把精力全都放在梅根身上。他钟爱摄影,给梅根拍了无数张剧照,还教她怎么摆姿势、摆角度。1996年3月28日,梅根在学校组织的音乐剧《安妮》中饰演秘书一角,献上了人生中的第一次独唱,而他就在旁边的看台上自豪地看女儿表演。担任导演的珀露记得，这位 14 岁的小演员"对于自己要唱歌这件事显得非常激动，也非常紧张"，还用"可爱"来形容她的表演。之后，梅根又在改编自《摘星梦难圆》（1937）的喜剧中扮演了一名雄心勃勃的女演员，还出演了美国剧作家莱尼·罗伯森创作的黑色喜剧《陋乡罪》。在 1997 年 3 月梅根借由无玷圣心改编版的史蒂芬·桑坦音乐剧《森林诱惑》中小红帽一角向世界宣告了自己的雄心。除了感谢自己的朋友和"可爱"的男友以外，她还说自己希望进入芝加哥一带的名校西北大学。她预言，西北大学会是她走上百老汇舞台的下一步。梅根绝对不是缺乏自信的女孩子。

高三那年*，她出演了校园剧《走出那一步》，但到了下一年，她就决定要到无玷圣心学校以外一试身手了。这是全新的挑战，也是一次机遇，没有父亲坐在灯光架上往下看着她了，她可以独立探索了。她的另一个小心思是想跟当时的男朋友独处。于是，她报名参加了拉肯亚达-弗林楚奇市男校圣方济各高中的索福克勒斯悲剧《俄狄浦斯王》的面试，同时参加面试的还有 40 名女孩，上演时间是 1999 年 1 月。

《俄狄浦斯王》是导演伊曼纽尔·尤拉利亚（昵称"曼尼"）来到圣方济各高中后的第一场大戏，他希望这部剧可以一炮而红，因此，对女主角伊俄卡斯忒的演员可谓精挑细选。虽然跟 40 名女孩竞争听起来很激烈，但对梅根来说所谓的竞争其实并不存在。"梅根鹤立鸡群，"他回忆道，"她身上有某种'气质'。我要找的

---

* 译者注：美国高中一般有 4 年。

就是那种气质。她魅力非凡,这是毫无疑问的。"

签了保证衣着得体、准时到场、不会进行性暗示或种族歧视暗示(虽然好像提得稍微有点早)的承诺书后,梅根和其他演员便进入了为期两个月的紧张彩排。她守时、准备充分、台风好,从一开始就让导演刮目相看。尽管高音部分有一点抖,但她的唱段还是很迷人。

尽管她是唯一一名参加面试的无玷圣心学校的女生,但梅根在这所男校里很有名气——她之前就跟圣方济各高中的多名男生有过交往,包括她的第一任男友路易斯·塞古拉。两人第一次约会是他姐姐玛利亚搭的线,很传统的结识方式。在之后将近两年的时间里他们经常出去约会。她跟塞古拉一家很亲近,包括路易斯的弟弟丹尼。丹尼在《俄狄浦斯王》中饰演克瑞翁一角,他说自己能走上舞台,多亏了当时17岁的梅根鼓励他。之后,她又作为丹尼的女伴参加了1998年4月在洛杉矶市中心的洲际酒店举办的圣方济各高中高年级舞会。通过塞古拉一家,梅根又结交了圣方济各高中的其他学生,彼此经常往来。

路易斯现在是帕萨迪纳市中心的一名成功的房地产中介,他用"甜美"和"有趣"来形容梅根。有许多人鼓励梅根参加同年的圣方济各高中秋季校友日舞会女王角逐,毫无疑问,他也是其中之一。

校友日舞会女王是高中社交圈的至高荣耀,几十名女生会对这个称号展开激烈的角逐。在接受学生会成员和教职员工的面试之前,每名候选人都要写一篇全方位介绍自己成绩的文章,凭借

"嬉皮食堂"长期志愿者的身份,梅根脱颖而出。在圣方济各高中的橄榄球比赛中场休息期间,会有人在50码线附近搭建的简易舞台上公布入围名单。在一片口哨和欢呼声中,梅根荣获当年舞会女王的头衔,并按规定接受前一任女王为其加冕。接着,"女王宫廷"的全体成员乘坐一辆老式敞篷车离开,比赛继续进行。梅根既不是啦啦队员,也不是当地天主教女校的学生,却仍然被选为舞会女王,足见其魅力和人气。

尽管她现在拥有"梅根女王"的头衔,但据《俄狄浦斯王》导演曼尼·尤拉利亚回忆,梅根并没有被恭维冲昏头脑。剧组的人祝贺她的时候,她依然低调谦和,还会开玩笑调侃。"梅根女王"饰演女主角的消息一经传出,这出阴郁的悲剧的门票被一抢而空。1999年1月初,小演员们在学校附近的弗林楚奇预科学校250座大礼堂中演出了3场。往年的校园剧少有人问津,这一次却大不相同。尽管制作方在开演前提醒过观众要克制情绪,但是梅根的登场还是引发了雷鸣般的掌声。

"许多学生纯粹是冲着梅根来看剧的,"曼尼笑着回忆道,"她当然有自己的粉丝。不少男孩子都爱上她了呢。"80分钟的剧演完后,观众全体起立鼓掌,祝贺梅根和其他演员。

她在节目单中写道:"我要感谢妈妈、爸爸、寿司、茄子、小丹尼、布拉德、嘉宝,无玷圣心学校的每一位漂亮、迷人、优秀的女生,圣方济各高中的每一位棒小伙儿,还有我们了不起的演职人员。"

尽管她在《俄狄浦斯王》中表演出众,但梅根·马克尔高中演艺生涯最令人难忘的角色当属改编自《失魂记》（1955）的喜剧音乐剧中性感的南美荡妇罗拉·布娜娜。《失魂记》的制作方洛杉矶市中心的罗耀拉高中也是一所天主教男校，而且梅根依然要与其他天主教学校的女生竞争。乘着《俄狄浦斯王》大火的东风，她轻松地拿下了罗拉·布娜娜这一角色。这出戏将《浮士德》的故事搬到了现代，剧中的荡妇罗拉与魔鬼签下契约，试图勾引从小热爱棒球的棒球明星乔·哈代。当梅根戴着绸制长手套，身穿缀有亮片的紧身连衣裙，伴着滑稽讽刺唱段《不管罗拉要什么》跳希米舞的时候，全场都轰动了。

"哎呀！"当时的一名观众告诉我，"她真是不同凡响。我记得自己坐那儿时就在想：'我的天哪，这就是无玷圣心的女生。'她穿着缀有亮片的戏服跳了一整支希米舞。一点也不低俗，她就是在表演嘛。很可爱。不过我脑子里还有一句话，哎呀！她有当明星的潜质。"

还有一件相似的事情，在另一个时间、另一个国家也出现了：凯特·米德尔顿平日是一位文静的女生，来到大学时装秀的舞台上，她却以比基尼外搭直筒连衣裙的惊人扮相登场，大摇大摆地走着猫步。坐在前排观看走秀的威廉王子小声对同伴说："她真靓。"之后便是王室美谈了。而在《失魂记》中，梅根也表现出了自己的另一面，令老师和同学大开眼界。梅根平日里的形象是风趣却很有思想，性格成熟稳重。这一次的歌舞桥段让大家看到了不一样的梅根。演出结束后，她的神学课老师玛利亚·波利亚和男友到后台为她送上了一束红玫瑰。那是动人的一幕，梅根原本就对攻克这个角色激动不已，此时更是流下了眼泪。"哎呀，不用这样的。"情绪激动的梅根哭着说道。波利亚老师回忆道："她演过很多出戏，每次演得都很好。不过，这一次她成了明星。那一晚，一个耀眼的明星诞生了。"

1999年4月的无玷圣心学校高年级舞会设在欧姆尼市的洲际酒店。舞会上，梅根的舞伴是一名罗耀拉高中的男生。男生名叫贾恩卡洛·博卡托，现在是纽约的一名房地产经理。两人面贴面跳舞时光彩照人，十分登对。用摄影师约翰·德卢戈莱茨基的话说，他们俩是"一对明星"。

她在成绩方面也是明星。1999年6月，梅根那一届的毕业典礼在好莱坞露天剧场举办，这是她又一次闪光的机会。她荣获了多项学术、艺术和慈善方面的大奖，包括美国银行高雅艺术奖、洛杉矶圣母院俱乐部卓越奖、面向黑人优秀学生的国家成就奖学金，还有一项表彰她辅导低年级同学的志愿服务奖。

未来似乎一片光明。3年前她许下的进入西北大学就读的预言成真了，她想要提升自己的写作能力，于是报了英文专业。她没有报表演专业，因为她觉得那是加州女孩的老套路：出去读个本科学位，然后回好莱坞发展，不去尝试其他的领域。她在那么多领域都有成就，以至于有人觉得她最终会进入政界或律界。所有人都感觉她会干出无愧于一生同时又回馈社会的大事业。高四的时候，她被校刊用"卓越"来形容。她为高四学生照选择的配文也反映出她对全面发展的渴求，这句话出自前第一夫人埃莉诺·富兰克林之口："女人如茶包，不入沸水不知其坚强。*"

她的表演课老师琪琪·珀露回忆道："我不知道梅根最终会走上哪一条道路，因为她对慈善活动也有兴趣。她心地善良，而且充分吸收了学校'只有想不到，没有做不到'的理念。她对自己的前途可谓全身心投入。"

大学毕业两年后，梅根回到了母校，同以前的老师聊天，了解学校的新变化。"亲爱的，以后常联系。"梅根临走前，琪琪对她这样说道。当时，这位新晋女演员正努力在竞争激烈的好莱坞站稳脚跟，同时，还在比弗利山一家酒店的餐厅里当服务员，以赚取表演课的学费。她有些悲凉地对以前的表演老师说："事业不成，不归母校。"

无玷圣心学校的师生们都觉得，她到了该成功的时候了。

---

*　　译者注："坚强"的原文是 strong，既可以形容茶水浓，也可以形容人坚强。

第四章

你会说"嘿"吗

夏天到了，梅根过得挺轻松。她刚从无玷圣心学校毕业，手握西北大学的录取通知书，在洛杉矶度过了最后一个满是回忆的夏天。然后，她就收拾好行李，准备离开家乡，迎接大学的第一个学期了。即将开启的这段生活对她来说确实是全新的。她在无玷圣心高中的同学和洛杉矶的熟人里没有一个考入西北大学。她决心给大家留下一个好印象。她本来牙齿内凹而且有缝，高中期间一直戴牙套，现在逐渐矫正好了，她可以毫无顾忌地咧嘴大笑了。

牙套取下后，她又拍了几张证件照，准备寄给试镜单位。秋天启程去芝加哥的时候，她最多能揽到拍 MV 或短片的活儿，这种活儿也就一两天，在洛杉矶周边多得很。她以前就参加过托丽·阿莫斯的歌曲《一千个海洋》的 MV 拍摄，地点就在洛杉矶市中心的一处停车场，报酬大约是 600 美元。梅根在 MV 里身穿蓝色低胸细肩带上衣，和其他人一起好奇地查看装着阿莫斯的玻璃瓶，等阿莫斯开始唱之后就在周围扭来扭去。这也算是表演吧——只不过是配歌的。这支 4 分 30 秒的 MV 由埃里克·伊费尔冈导演，高潮场景是参与骚乱的孩子们与警察的马匹和高压水枪对峙，用音乐的形式演绎了洛杉矶骚乱事件。对梅根的资深粉丝来说，阿莫斯的 MV 是梅根招牌动作的首次公开亮相：经常用手把遮住脸的头发拨开。

她周末还有一场试镜要参加，这次是夏奇拉的MV。MV走热力舞动风格，与阿莫斯MV中故意陌生化的城市环境截然不同。梅根最好的朋友尼娜基·普利迪（昵称"尼基"）开车送她到片场，拍完后两人去逛街，为比弗利希尔顿酒店举行的西北大学见面会买新衣服。这次活动是她认识大学同学、给别人留下第一印象的重要机会。试镜当天，尼基和梅根还准备四处转转，用尼基新买的摄像机拍下洛杉矶的街景，当然还有她们自己。

夏奇拉MV的试镜不如梅根预期的顺利。跳热舞倒是挺有意思的，不过她后来告诉尼基，"我都快累死了。我真怕把上衣给抖下去，紧张死了。"

她也知道，凭自己的表现当不了600美元一天的专业舞蹈演员，不过她还是希望能当个群演。钱少一些，也不给镜头，但乐趣总是有的。在试镜等待的时候，她偶遇一位参加过托丽·阿莫斯MV拍摄的女生。那也是两人最后一次见面，因为梅根没有接到录取电话。

逛完街之后，梅根和尼基开着妈妈多莉亚将车牌文字改成MEGNMEE的沃尔沃旅行车行驶在洛杉矶街头，梅根边开边说，尼基负责拍摄。她们给一个似乎刚刚给嘴唇打了胶原蛋白的女人拍了张特写，还赞叹了一番比弗利格伦庄园等比弗利山周边富人区的房子。

回到妈妈家，梅根试穿了为比弗利希尔顿酒店见面会买的新衣服。她对进入西北大学后的形象有自己的一套想法，准备主打黑灰素色搭配，展现时髦、成熟、沉稳的形象。于是，她选了一条铅笔裙、一件裹胸和一件兼做夹克衫的前开扣白格衬衫。这套装扮像极了她10多年后扮演蕾切尔·扎恩所穿的职场装。

　　梅根在家度过的最后一个暑假丰富多彩，但也烦恼不断。她和父亲处不来，并且有意躲着他。父女情分已尽。梅根搬到妈妈家住，甚至没有回爸爸家取邮件。她的朋友们都困惑不解，因为他们都知道梅根是父亲的掌上明珠，闯下天大的祸他也不生气。他的孩子——包括小汤姆和伊冯娜在内——都没有恶意利用父亲放任自由的态度；不管有什么让他们分心的事，他们都会按时完成作业。尽管梅根的妈妈会同梅根和梅根的年轻朋友一块跟着收音机里放的音乐跳舞，或者讨论化妆问题，但她比前夫要严厉一些。梅根总能轻轻松松地让爸爸"就范"。伊冯娜经常讲一个故事，圣诞节前夕，爸爸答应要给梅根买礼物，她就从首饰商品目录里面挑了一个戒指，还出言刺激比自己大得多的姐姐，说不管爸爸给伊冯娜买了什么礼物，自己总会得到最贵的礼物，因为她是爸爸最喜欢的孩子。但是，尽管这对父女的感情破裂不同寻常，她的朋友们都只当这是夏天里的一阵风，并没当回事。

　　除了远离故乡以外，她还要离开尼基。梅根一直把尼基当成"亲姐妹"，两人从刚学会走路的时候就是最好的朋友了。她们俩经常去对方家里过夜，在尼基家位于北好莱坞一间普通的三室别墅中游泳。转到无玷圣心学校后，两人关系依旧亲近。梅根甚至和尼基、尼基的父母达尔顿和玛利亚，还有尼基的妹妹米歇尔一块去欧洲旅行。尼基特别喜欢巴黎，第二年夏天还去索邦大学学习了一段时间。一行人到伦敦后在白金汉宫大门前拍了照片，当时谁也不会想到梅根有朝一日会被迎入黑铁宫门。现在要读大学了，分离的日子越来越近，于是，她们俩想要尽可能留下一些欢乐美好的回忆。

✦

梅根看了看宿舍就开始整理行李。她被安排在大一新生宿舍"中区宿舍北段"，隔壁就是KKG（卡伯-卡伯-伽玛姐妹会，Kappa Kappa Gamma，简称KKG）的会舍。她还不知道自己是要"冲一冲"*，还是只跟舍友和班里的同学交朋友。初入大学校园的前几周不太好过，同学之间经常被拿来评判比较，新生还带着刚入学的爆棚的荷尔蒙和兴奋感，他们都正在努力从生理和心理两方面适应大学生活，不免会感到焦虑。"冲一冲"只会让新生更加脆弱，更加想要找到归属。梅根没有老家的朋友，甚至连熟人都没有，天生爱交际的她开始努力结交新朋友。

但是，她的自尊心即将受到出乎意料的打击。她是在号称种族大熔炉的洛杉矶长大的。她就读的无玷圣心学校有各种肤色和国籍的学生，简直像万花筒一样。现在，她发现尽管西北大学所在的埃文斯通镇距离芝加哥只有几千米，但大学本身的大部分学生都是白人。埃文斯通镇的非裔美国人虽然占人口的三分之一，在学生中却只有5%，跨种族学生就更少了。她在西北大学很显眼。

---

* 译者注："冲一冲"是美国大学的一种特殊现象，学生要逐个参观姐妹会或兄弟会的会舍，找到符合自己偏好的一家，然后祈祷自己被选中。

第一学期开课刚刚一周，梅根正坐着看她选择的英文专业课程表，一个室友就过来问她："听说你妈是黑人，你爸是白人，对吧？"

梅根勉强微笑着点了点头，突然感到一阵不舒服。"你爸你妈离婚了？"室友接着问道。梅根又点了点头。室友露出恍然大悟的表情，说了句："哦，那就说得通了。"梅根感觉像被捅了一刀。这句讽刺的话深深刺痛了她。她想知道什么叫"那就说得通了"。当然，她能听出弦外之音：跨种族婚姻必定以失败告终。她一直记得这段经历，2015年给 *Elle* 杂志撰稿时还提到了这件事。

洛杉矶是跨文化的大熔炉，而她现在却见识到了有些人的思想能有多狭隘，观念能有多迂腐。这不是她第一次听到种族歧视的话，不是第一次受到别人的歧视，当然也不会是最后一次。由于她肤色比较浅，许多同学不知道她是混血儿，因此他们讲种族歧视的笑话，或者表达偏执观点的时候不会特别注意她的感受。她一直记得上面提到的经历，这件事影响了她对别人眼中的自己、自己的家庭及自己的先辈的思考。"我对梅根印象最深的就是，她的自我意识特别强，"哈维·杨教授回忆道，"她很有思想，知道直面歧视偏见意味着什么。"

但是，梅根很坚强，并没有意气消沉，实际上她正忙着放飞自我呢。既然脱离了妈妈的监管，她的妆化得更浓了，还有准备挑染头发。打定主意后，她决定加入"冲一冲"KKG 姐妹会。这个团体的成员素有"聪慧、火辣、爱搞事"的名声。KKG 成员梅拉尼娅·伊达尔戈说道："我们的共同特点就是有干劲，有志向，有激情。"KKG 热情地接纳了她，梅根最后被选为招新委员，负责吸引新成员加入 KKG 大家庭。作为一名外向、自信、善于表达的年轻女性，她很适合推销社团的工作。她有时太想说服别人了，用同学安·米德的话说，有的学生会觉得她过于强势。她给大部分同学留下的印象都是渴望生活，还有"个性热烈"——她是一位活跃而不失稳重的年轻女性。

作为姐妹会成员，她还参加了创始于 1975 年的西北大学马拉松舞会，这是全美规模最大的学生公益活动之一。梅根跳舞的那一年，她当选了自该活动成立以来选出的第二位女性司仪，第一位是金格·哈罗德，而且金格还不是独自负责活动，还另有一位男生负责人帮她。当时的马拉松舞会已经不是大萧条时期那样跳到筋疲力尽、不死不休的形式了，但梅根还是不分昼夜地跳了 30 小时。由于大一这一年总在喝酒，宅在宿舍吃高淀粉含量的食物，甚至大半夜去吃 24 小时营业的汉堡王，梅根一年长胖了将近 7 千克，这么大的运动量对她减掉"大一 7 千克"肯定是有帮助的。

当然，许多女生参加社交活动是有明确目标的——找男朋友。梅根比大多数同龄女生更成熟、更镇定，因此被视为冰山美人。她高中时期喜欢会打扮的拉丁裔男生，比如路易斯·塞古拉。不过，在西北大学就读期间换了类型。她在大学里的第一任男友是史蒂夫·莱波雷。当时上大二的史蒂夫是一名来自俄亥俄州的白人，身高 6 英尺 5 英寸（约合 1 米 95），脸庞棱角分明，是篮球队队员。跟他一比，5 英尺 6 英寸（约合 1 米 75）的梅根就显得娇小可人。她与莱波雷的关系提升了她在 KKG 姐妹会内的地位，大家都觉得"她能钓到这么帅的男生真了不起","他俩很般配。"她的一名大学同学回忆道。但是,两人没过多久就分手了。因为史蒂夫成绩好,又是篮球明星,位于北卡罗来纳州温斯顿-萨勒姆市的威克森林大学想把他挖走,他同意了,所以他大三、大四两年都要去那边读。于是他跟梅根说了再见,选择了职业篮球的美好未来。

尽管两人看似一对完美的校园情侣,但他们之间也有分歧。史蒂夫立志进军体育界,这就意味着他不得不缺席派对,早早回宿舍,而且只要第二天打比赛,梅根就不能留下过夜。相反,梅根是派对达人,享受着远离父母、自由自在的大学生活,也喜欢喝酒和熬夜。

大学里的第一份感情虽然以失败告终,但梅根在西北大学还是结交了两个一辈子的好友。

一个朋友是林赛·吉尔·罗斯,两人是在研讨非裔美国人作家托妮·莫里森作品的文学课上认识的。林赛是一名身材娇小的金发女郎,来自位于纽约长岛的富人区拉廷顿,那里有不少俯瞰牡蛎湾的百万美元豪宅。她的父母都是律师,不过妈妈已经退休了。林赛与梅根在无玷圣心学校的朋友们不同,她是犹太人。她们俩都是聪颖、风趣、善于表达的女生,所以很合得来,总是一起自习,一起出去喝酒跳舞,一起激情长谈到深夜。

她的另一个好朋友是拉内尔·昆汀·福斯特,他与林赛简直是天差地别:性格浮夸,引人注目。拉内尔的父母都是牧师,是非裔美国人。他对家人和朋友隐瞒了自己是同性恋的事实,不过,他最终还是向梅根坦诚出柜。梅根和他是在传媒学院的课上认识的，她当时已经不读英文专业了，改修表演和国际关系双专业。选择双专业反映了她的犹豫不决，她不确定自己到底是进入政界和外交界，还是向演艺明星方向发展。她觉得后者似乎是洛杉矶学生的老套路，不过，她选择的这条道路并不孤单：沃伦·比蒂、史蒂芬·科尔伯特、扎克·布拉夫、戴维·史威默都是西北大学表演专业毕业的。拉内尔注意到，她对好莱坞的热情要超过她对国务院的兴趣。从学生话剧到先锋作品，两人都会一起参与。他们既喜欢讨论戏剧的结构和语言，也喜欢表演。梅根出演过同学拍的短片，还到校外参加过电视广告的试镜。

到了周末，梅根经常去拉内尔家里吃饭。两人会一同尝试各种菜谱，包括梅根当时的拿手菜——印度菜。

福斯特一家很喜欢梅根，喜欢她那独特的幽默感和富有感染力的微笑。她甚至同意跟他们一起去教堂。"按我妈的意思，肯定要让我跟梅根好，"他说道，"她会说，'哎呀，我太喜欢梅根了'。而我会说：'是呀，老妈，我也喜欢她。'"他还知道，要是他妈发现自己是个同性恋，她肯定会心碎的。那段时间，梅根帮忙掩盖他的同性恋身份，他则会陪伴和保护她，这为他招来了不少直男学生的嫉妒。"你怎么把她约出去的？"男同学们问他。"因为我没有任何企图！"拉内尔对《每日邮报》如是说。

梅根最亲近的两个朋友代表着她血统的两面：打破传统、特立独行、独立自强的非裔美国人和职场白人。有朋友在身边，她能更好地探索与融合性格中的两面，吸收、综合，逐渐形成属于自己的个性。

放假回洛杉矶时，她会松一口气，不仅是因为天气更好，更是因为洛杉矶的兼容并包，金发碧眼的人在那里反而是少数。不过，她后来发现，宽容和接纳只是一戳就破的表象。

她讲了一个自己和妈妈晚上去听音乐会的故事。听完音乐会以后，多莉亚开着沃尔沃旅行车慢慢往外倒，另一名司机等得不耐烦了，就朝她大喊大叫，还用到了那个 N 开头的单词。梅根因为这个词而涨红了脸，皮肤刺痛。她对多莉亚的痛苦和愤怒感同身受。她看向妈妈，发现妈妈眼眶里满是泪水。她小声地说出了她唯一能说的几个字："没事的，妈妈。"但是，这事并不是"没事"。母女俩无言地开车回家，梅根能听到脉搏的强烈跳动，多莉亚则死死攥着方向盘。

♛

梅根和其他 7 名同学选了历史与戏剧教授哈维·杨的研讨课，主题是非裔美国人戏剧及其内涵、影响和历史。在课堂上，混血儿的成长经历常能引起师生间的讨论。梅根从小到大游走于两个社群之间，非常了解人们对种族、种族差异和他者观念的反应。杨教授说："在不同的族群中，你的种族身份会被以不同的方式看待和对待，对此，梅根有着深刻认识。"

杨的研讨课让梅根更清晰地认识到了自己在社会中的模糊地位。她后来回忆道："那是我第一次能用一句话来形容自己的感觉：在黑人社群中觉得自己肤色太白，在白人社群中又觉得自己血统不纯。"

她在西北大学校内外的经历,以及她从中获得的自我认识都对她很有好处,在她努力打入无所凭借、路径难寻的好莱坞世界时也给了她无尽的内心力量。

♛♛♛

大三开学的时候,如果梅根继续按照之前的节奏选课,她提前很久就能修完规定学分。于是,她纯粹出于兴趣选了一门工业工程的课,这门课的必读书目里有法国文学名著,安东尼·德·圣埃克苏佩里写的《小王子》。她后来在个人博客 The Tig 中写道:"这本书看似选得很奇怪,可到头来,我从这门课学到的最重要的东西恰恰是自我赋能和保持干劲,直到今天,我作决定依然会遵从这两条原则。"她有充足的时间,而且也不确定毕业后要走哪条路,于是她决定参加国际关系领域的实习。因为家里总有人说她叔叔是美国海外情报机构中央情报局的人,所以她才知道叔叔米克·马克尔是为美国政府工作的通信系统专家。于是,她找到叔叔,请他帮自己谋一份国务院的实习工作。"我会尽量帮你的。"他答道。他也确实帮了。米克托了一些关系,为她找到了一份实习工作。由于她本人成绩优秀,又有叔叔保荐,所以尽管她提交申请材料的时间相当晚,招聘方也没有在意。很快,她就接到了实习录取通知,为期 6 周,地点在阿根廷的美国驻布宜诺斯艾利斯大使馆,岗位是初级新闻发布官。梅根当时年仅 20 岁,只身一人从洛杉矶飞往布宜诺斯艾利斯，想想还是挺刺激的。大使馆不大不小，包括国务院官员和警卫在内大约有28个人。她在岗前培训中学习到了大使馆和布宜诺斯艾利斯的情况，安全问题是重中之重。这位年轻的学生学到了哪些地方不能去，遇到紧急情况该怎么办，该拨什么号码，都是基本却重要的信息。随着"9·11"事件一周年的日子越来越近，世界各地的美国大使馆——包括布宜诺斯艾利斯使馆——都发出了仅次于红色安全警报级别的橙色安全警报。

梅根的日常工作包括整理文件、接电话、起草信件等。她在团队合作中表现得很完美，凭借热情和风度给上级留下了深刻的印象。

她任劳任怨，完成日常乏味的任务也快速高效。她当时的上级马克·克里斯奇克现已退休，据他回忆，与年轻的梅根共事很愉快，她完成任务"又快又好"。有人说，她与一名担任使馆保卫工作的美国海军陆战队员有过暧昧。当然，此事详情莫辨。不过，她喜欢西班牙菜和布宜诺斯艾利斯丰富的夜生活，这倒是可以肯定的。

2002年8月4日是梅根21岁生日，她当天获准去迎接来到南美做短暂访问的美国财政部部长保罗·奥尼尔。这本是件好事，梅根能享受一两个小时的贵宾待遇，但实际上，还没享受多久，她就接受了残酷的考验。

奥尼尔部长抵达布宜诺斯艾利斯市中心24千米外的埃塞萨机场时，她就在迎宾车队里。不久前，阿根廷拖欠了一笔金额达

1 410 亿美元的贷款，国际货币基金组织和美国政府都无意救场。离开华盛顿之前，奥尼尔曾公开声称南美国家应该采取措施，"确保援助金不会转到瑞士银行的账户里"。尽管他抨击的目标是将几十亿美元资金转到个人名下的腐败高官，但日子不好过的阿根廷民众还是将经济困境归咎于美国。飞机 5 点整降落后，奥尼尔的车队直接开去会见过渡政府首脑爱德华多·杜阿尔德。尽管奥尼尔有心理准备，但示威者挥舞着横幅将车队包围时，他依然感到不安。"抵达后，抗议者拿着标语牌砸我的车，我到现在还记得。那件事很难忘。"他后来说道。

初级新闻发布官梅根被吓坏了，她后来回忆说，那是她一辈子最可怕的时刻。"9·11"事件一周年的日子越来越近，此外还有情报说伊斯兰武装分子可能正在南美设点，形势越发令人担忧。梅根原本就如履薄冰，现在又有愤怒的抗议群众攻击部长的座驾，这有多么可怕应该不难想象。

然而，这段经历似乎并没有让她打消进入政府部门的念头。"假如她留在国务院，她肯定会成为一名优秀的美国外交官。她拥有成功外交官所需的一切素质。"马克·克里斯奇克后来回忆道。

驻阿期间，她仍然在用心准备美国外交人员考试，以便日后进入国务院。考试时长为 3 小时，综合考查政治、历史、通识和数学知识，应试者需要了解从比波普爵士乐的起源到东亚地区劳动法规的各种知识。事实证明这个考试太难了，梅根没有考过。不过，她还是飞往马德里参加了国际学生教育组织办的 6 周西班牙语培训班。一旦她以后想要重返外交界，这也算一个砝码。

回到西北大学后，她给朋友们大讲塔帕斯小吃和探戈舞的故事，竭力掩饰没有通过外交人员考试的失望情绪。无论如何，命运似乎将她推向了娱乐圈。为了帮女儿一把，做灯光指导的父亲给她在《综合医院》里安排了一个小角色，就像他将近10年前为大女儿做的那样。2002年11月，她参加了只有5句台词的龙套角色的试镜。由于父亲的影响力，她拿到了角色。这一集于感恩节前夕播出。

几周后就是假期了，她和朋友们去参加聚会，有一个自称德鲁的男人来找她。德鲁并非想做她的男朋友，而是想做她的经纪人。之前梅根的朋友给德鲁寄了一份梅根参演的学生电影，他觉得很好，就打电话给梅根说："你知道吗，你以后能赚大钱，我就抽一成的佣金。我觉得你应该留下。"

但是，梅根当时不能留下。她还要回西北大学结课，参加毕业典礼。不过，她承诺自己会回来的。一扇门关上了，另一扇门就此打开。如果国务院不收她，她或许可以去好莱坞。

♛

拿到西北大学的学位证回家后，梅根马上参加了广告试镜，虽然没被选中，但教给了她宝贵的经验。梅根在西北大学念书的时候就参加过许多次试镜，现在已经是轻车熟路。之后，她接到了大学好友林赛·吉尔·罗斯打来的电话，林赛当时正在喜剧明星阿什顿·库彻主演的电影《相见恨早》剧组工作，帮梅根拿到了一个试镜机会，台词只有一个词。

"你会说'嘿'吗？"导演问她。

"我会，"梅根答道，"不过，我把剧本读了，觉得自己对另外一个角色更感兴趣，我想演那个角色。"自然，那个角色的戏份更多。

导演和负责选角的人交换了一下眼神，他们的表情好像在说，"这小丫头有点胆量啊"。梅根毛遂自荐失败了，但还是拿到了罗斯推荐她演的角色。上台后，导演允许她自由发挥，本来只有一个词，她却说了5个。在电影界，这就是胜利。

接下来，她又在维奥拉·戴维斯、内斯特·卡博内尔等老戏骨主演的科幻律政剧《世纪城》中获得了一个小角色。她演的是律师事务所的雇员，台词只有一句："敬汤姆·蒙泰罗，一个有远见的人，一个勇于安装虚拟助手的人。"这场戏一天就拍完了，她只能回去等着剧组来电，期待那个"总是说不"的可恶家伙的垂青。那段日子过得很苦，成千上万名梦想进入好莱坞的人都有过同样的处境。

有一天，她正要去参加试镜，她那辆福特探索者SUV的开门电动按钮却坏了，车钥匙也不好用。她努力保持镇定，来到车的后面，试着从后备厢进去——后备厢钥匙和车钥匙是分开的。后备厢奇迹般地打开了。由于时间太急，她只能从后面进去，然后爬到驾驶座上面。幸亏她平时练瑜伽、坚持跑步，所以体形保持得不错。车发动了，而且还是满油。来到面试地点后，她把车开进停车场无人的角落，用同样的方式爬了出来。

梅根掏不起修车的钱，就这么凑合了好几个月。她每次专门找偏僻角落停车，等到别人走了才下车，爬回车里之前先要假装在后备厢里找剧本或者照片来化解尴尬。

她当然知道会有挫折。梅根被娱乐圈耳濡目染多年，早就不相信麻雀变凤凰的传奇了。她保持着乐观的心态。她的座右铭是"我选择快乐"。她也做到了这一点，找朋友喝酒吃比萨，上瑜伽课，有钱就出去玩。一天夜里，囊中羞涩的她来到了西好莱坞的一家低端酒吧，这家酒吧是被娱乐圈的"青年土耳其党"（一批热衷于挑战好莱坞旧制度的新生代红人）带火的，他们感觉这里能营造出真正的"垮掉的一代"的环境。一个拖腔拉调、带着纽约腔的大嗓门吸引了她的注意，那人正在跟几个朋友聊天。

那就是特雷弗·恩格尔森，他身高超过 1.83 米，金发里带着一点红色，蓝眼睛，看起来像是玩冲浪或者打排球的，是典型的"加州金童"。他的口音和风度都像是马修·奥康纳，但他其实是在纽约市大颈区出生长大的，他的父亲是一名成功的正畸医生，曾祖是犹太移民。

与弗朗西斯·福特·科波拉一样，特雷弗曾就读于北大颈高中，而且最初的志向也是电影导演。"我发现当导演是要有天赋的，我干不了。"他谦虚地说。然而还在上高中的时候，他就在纽约市内找到了制片助理的工作，周末和放假的时候全情投入。他的努力获得了回报，他被南加州大学安纳伯格影视艺术学院录取，由此走上了电影之路。

1998 年毕业后，特雷弗进入了低成本电影《无害的人》剧组，这部电影的唯一亮点就是由保罗·吉亚玛蒂出演,他在片中有个奇怪的外号——小牛排。接着,以掮客自居的特雷弗被招进了《深海狂鲨》剧组做助理。这部电影讲的是基因工程改造过的高智能大白鲨大开杀戒的故事。他总在研究自己的制片人老板是怎么工作的。耳濡目染了一段时间后,他开始向往这个职业。制片人干的活儿好像不多,却能挣大钱,还能泡到最漂亮的妞儿。他找到制片人艾伦·里奇,诚恳地跟对方说:"艾伦,我想做你做的工作。我想做制片。"里奇建议他从经纪人做起。《深海狂鲨》刚刚杀青,里奇就给奋进经纪公司写了一封推荐信,举荐自己雄心勃勃的助理。他是从基层干起来的,一开始是在收发室当司机,全城到处送剧本和其他公司的材料。

特雷弗有魅力又上进,一步步做到了电影文学经纪人克里斯·唐纳利的助理。他已经踏上了快车道,然而他不择手段的野心却阻挡了他的大好前程。趁唐纳利度假的时候,他偷偷将待售剧本(编剧自行创作的剧本)以奋进经纪公司的名义寄给了多名演员和导演。特雷弗后来承认,"我以为那叫主动"。后来他因为"僭越职权"被开除了,不过他并没有难过多久。他从来不会难过太久,他很快又找到了新东家——南加州大学校友尼克·奥斯本和杰弗里·扎诺合伙开办的O/Z影业公司,还是干助理的岗位。用特雷弗的话说:"他们需要一个拉人的掮客。"他卖出的第一份剧本是《通往兄弟会的野餐之路》,买家是福克斯探照灯影业,价码是2.5万美元。为庆祝此事,他疯狂地开派对玩乐。

奥斯本单飞成立地下影业公司之后,特雷弗跟着去做了他的助理，几年后接手了整家公司。特雷弗的嬉笑怒骂之下是一颗斗志昂扬的心，他是个立志要在残酷的娱乐业中闯出一片天的年轻人。在西好莱坞的那间酒吧，梅根对他一见倾心，为他的激情、闯劲和雄心所吸引。特雷弗是典型的纽约人——自负直率，敢闯敢干。不过，对梅根这样更喜欢高雅、不爱低俗的成熟女孩来说，他有时会显得太笨拙。另外，他随口就能说出金句。"希望，是这个行业最重要的通货。"他对睁大了眼睛想要进军娱乐圈的梅根说道。这句话真假暂且不论，对吸引女孩注意力肯定有用。

他最喜欢的一句话出自《速度与激情》的好莱坞传奇制片人尼尔·莫里茨之口："不准备好干5年，那就5分钟也别浪费。"特雷弗经常说这句话，这让梅根后来也跟着用，好像完全是她自己想出来的似的。她的版本要更优雅一些："除非你想为一件事投入5年，不然连5分钟也不要投入。"特雷弗还有别的格言警句，但是不仅有这些俏皮话，还有狂妄言论。在一次《剧本与书吏》的播客节目中，他告诉南加州大学的一位同学："我就特别相信一条：天有不测风云，人生得意须尽欢。你这辈子就活这一次，有机会就找点乐子吧，对别人又没坏处，别的事情，不管什么事情总能搞定的——我总能找着乐子。这从来不是个问题。"

他是那种典型的干起来拼命玩起来也拼命、"蜡烛两头烧"的年轻人。古巴、棕榈泉、纽约——至少在他信用卡刷爆之前，全世界没有他不能去的地方。用他的话说："我要是坐飞机出差，落地的时候、飞行的时候、喝酒的时候我都在工作。不过，我享受的快乐也比我认识的大部分人多得多。"他既是求贤若渴的制片人，又是雄心勃勃的演员,这种职业搭配是经典的好莱坞风格。

2005年初,特雷弗的电影《超人集中营》开拍,梅根也在情景喜剧《理发店》中再次露脸。她的角色只有一句台词,很短的一句,梅根却感觉自己已经走上了星光大道。

后来,梅根开通了匿名博客"现役女演员",其中描述了在役演员的生活细节,不乏令人心碎之处。她在一篇博文中描述了那种感觉:"刚入行的时候,我记得自己真是诚惶诚恐,能在UPN拍的烂剧里说一句台词都要庆祝一番。放在当时,这就是大获成功了。有人打电话来祝贺,有人送花,还要举行觥筹交错的庆功宴。那是一座预示着美好未来的里程碑,是一丝希望,它在说:'我的妈呀,你真干上这行了。'"尽管她的博客是匿名的,且2012年突然关闭,但据2018年2月《每日邮报》报道,其他博主和演员都能证明作者就是梅根。"没错,绝对是梅根·马克尔写的。"演员兰斯·卡特尔说。卡特尔曾转载"现役女演员"的文章到自己的博客上,事先与她进行过沟通。

在等待消息的同时,为了糊口,她在比弗利山一带的餐厅里做过服务员,在一家当地商店里教别人包礼物,还因为写得一手好字卖过书法作品。她是在无玷圣心学校学会书法的,她后来评论道:"我一直喜欢写花体字。"那段时间里,她的书法代表作就是为歌手罗宾·西克和演员宝拉·巴顿于2005年6月举办的婚礼写邀请函信封。

后来确实有剧组相中了她,只不过来得有点慢。2005年夏天,她参演电影《红娘公司》;同年感恩节前后出演了电视电影《桃色禁忌》；之后又在短命的情景喜剧《家庭战争》中扮演一名保险推销员。

梅根的事业渐有起色，特雷弗却从山峰跌到了低谷。2006年夏季上映的《超人集中营》是一部彻头彻尾的烂片。这部科幻动作电影被评价为"乏味，毫无笑点"，在烂番茄网站的好评率只有3%，影片主演蒂姆·艾伦甚至获得了金酸莓奖最差男主角提名。

梅根的情况也没好到哪里去。

换作不那么坚强的人，每天都收到拒信肯定会崩溃的，梅根却认为贵在坚持。别的女孩落选了就回老家，这样她入选的机会便会随之提高。正如特雷弗所说，不想干5年，5分钟也别干。她的5年还早着呢。

与其他等消息的女孩一样，她也有一个去健身房拎的包，里面装着扮演每一种角色所需的衣服：大红色裙配浪荡的拉丁裔女郎、素色衣服配邻家女孩、芥末黄配非裔美国人。短裙、长裙、夹克衫、比基尼、上衣，她要用到的一切都在这个包里。她自己也承认，由于自己"模糊"的族裔界限，她基本什么角色都可以演。"可惜这都没用，"她后来在 *Elle* 杂志撰文称，"我演黑人角色不够黑，演白人角色又不够白，不黑不白，不上不下，成了一只没有人要的变色龙。"

梅根当时的经纪人尼克·科林斯成长于波士顿，毕业于布朗大学，对如何爬上好莱坞的阶层无所不知。在鲍勃·格什招他进鲍勃·格什经纪公司做助理之前，他靠在布伦特伍德的一家餐馆端盘子度日。因此，他很同情梅根的奋斗经历。当他给梅根打去改变她星途命运的电话时,她正穿着休闲运动服替别人写信封,胳膊上戴着套袖,免得皮肤分泌的油脂蹭到信封上。

他帮她安排了一次试镜——这个活儿有点麻烦——制片人半遮半掩地要她穿上"显身段的衣服"过来,也就是比基尼、泳装、超短裙和短裤,这样才能知道梅根的身材如何。没错,她参加的是人气电视抽奖节目《一掷千金》的开奖女郎海选活动。不过,她正好空着档期,于是就答应去了。毕竟,从她和特雷弗同居的西好莱坞寓所开车,很快就能到试镜地点卡尔弗市。不过在翻找最短的短裙时,她或许会想:"我本科读国际关系是为了十这个吗?"

第五章

超短裙，高跟鞋

上图：从洛杉矶费尔法克斯高中毕业后，多莉亚·拉格兰（第二排最右）跟随父亲阿尔文·拉格兰从事旧货生意。后来，她在美国广播公司的化妆部找了一份工作，并在这里遇到了未来的丈夫——时任长寿电视剧《综合医院》灯光指导的老汤姆·马克尔。

左图：老汤姆·马克尔高中时期照片（1962年），那时他18岁。毕业后不久，他便前往波科诺山，在当地的剧院打工。后来，他前往芝加哥追寻舞台灯光师的理想。

上图：1979 年 12 月 23 日，非裔美国人、民主党人多莉亚·拉格兰与出生于宾夕法尼亚州的共和党人老汤姆·马克尔在好莱坞自我了悟联谊会圣殿结婚。

左图：两岁时的梅根。她的父亲对她极其宠爱，经常给她拍照。不过，这张照片拍摄后不久，多莉亚就与老汤姆分开了。

上图:5岁的小梅根和妈妈多莉亚。多莉亚当时在旅行社工作,经常与女儿一起旅行,去过墨西哥和牙买加。

下图: 家庭聚会。梅根的祖父阿尔文·拉格兰站在她的婶婶桑德拉身旁,祖父怀中的梅根在微笑,她同父异母的哥哥小汤姆·马克尔抓着她的马尾辫。前排坐着的人是多莉亚(左)和梅根的祖母珍妮特(右)。

左图：5 岁的梅根在好莱坞私立学校小红屋学校演唱《热闹的公车》。这位小演员出演过无数校园剧，包括《西区故事》和《圣诞怪杰》。

下图：1990 年，梅根参加尼娜基·普利迪 9 岁的生日会。两人非常要好，两家人都把她们当成亲姐妹看待。

上图：10岁左右的梅根。站在左边的是她的伯伯弗莱德·马克；右边站立的是她父亲老汤姆·马克尔。坐在前面的是她的祖母多丽丝。梅根与祖母感情很深，经常去格伦代尔的养老院看望她。

下图：担任情景喜剧《奉子成婚》灯光指导的老汤姆·马克尔。梅根经常带朋友去片场玩，图中男子为该剧主演戴维·福斯蒂诺。

左上图：1993年，七年级时的梅根。那是她进入洛杉矶洛斯菲里兹地区天主教女校无玷圣心学校就读的第一年。

右上图：1994年8月，八年级时的梅根。当年，她第一次到"嬉皮食堂"做志愿者，但觉得那里"非常吓人"。4年后，她还会回到"嬉皮食堂"。

下图：从梅根就读的无玷圣心学校走几分钟就是她在洛斯菲里兹的家。图中的她与学校里的朋友们正在顽皮搞怪。

左上图：梅根与男友路易斯·塞古拉在圣诞树旁拍照。两人通过他的姐姐玛利亚介绍相识。

右上图：1998 年 12 月，梅根与同学塞西尔·唐纳伦在高年级圣诞舞会上合影。

左图：就读于无玷圣心学校期间，梅根经常上台表演，她的照片也经常出现在校刊和节目单上。请注意，她手上的戒指是无玷圣心学校独特的装饰风班级戒指。

上图：1996 年夏天，梅根与最好的朋友尼娜基·普利迪赴欧旅游期间在白金汉宫外合影，颇有预示未来的感觉。

下图：梅根与做灯光指导的父亲老汤姆·马克尔在阳光灿烂的校园里野餐时的合影。他很爱自己的女儿，梅根经常上台演戏，他就花了无数时间调试舞台灯光。

上图：梅根在圣方济各高中表演悲剧时，观众起立鼓掌，以示对她和其他演员的赞赏。

左下图：古希腊悲剧《俄狄浦斯王》最后一幕中，梅根饰演的伊俄卡斯忒正在亲吻由亚历杭德罗·圣地亚哥·弗里斯基斯饰演的俄狄浦斯王。该剧上演于拉肯亚达－弗林楚奇的弗林楚奇预科学校，戏票一售而空，主要原因是当年的校友日舞会女王梅根担任该剧主演。

右下图：饰演伊俄卡斯忒的梅根发现自己与儿子乱伦后绝望落泪。

上图：年轻的演员们在彩排间隙休息。梅根骑在咧嘴大笑的丹尼·塞古拉背上，他是她男友路易斯的弟弟。身后是饰演牧羊人的布伦特·詹诺塔，作势要用牧羊棍攻击二人。

下图：校友日女王梅根在圣方济各高中校友日舞会上满脸笑容。图中的她正与贾恩卡洛·博卡托贴面跳舞。

右图：1999年夏季，梅根在好莱坞露天剧场举行的毕业典礼上，收获了一系列表彰优秀成绩和社区服务的奖项。

下图：梅根改造了自己在西北大学的宿舍，将墙面涂成鲜亮的颜色。交还钥匙之前，她必须把墙涂回标准的白色。

上图：大学毕业后，梅根与朋友尼娜基·普利迪开车回洛杉矶，中途下榻拉斯维加斯的贝拉焦酒店，这里是她最喜欢的电影《十一罗汉》的取景地。

左图：梅根《一掷千金》后台照，这一场的服装不太暴露，比较舒适。

上图：梅根与电影制片人特雷弗·恩格尔森在一座希腊岛屿度假。夫妻俩干活拼命，玩起来也拼命。恩格尔森吹嘘说自己在飞机上也要工作。"不过，我享受的快乐也比我认识的大部分人多得多。"

下图：梅根与特雷弗·恩格尔森在地中海圣托里尼岛度假时享用二人烛光晚餐。

左图：2008年，梅根在J.J.艾布拉姆斯执导的科幻连续剧《危机边缘》中扮演初级联邦调查局探员艾米·杰瑟普。她本来希望自己能继续出演，但实际上只出现了两集，令她颇为失望。作为一名事业心很强的演员，这只是众多失望中的一次。

下图：《金装律师》主演（从左至右）：吉娜·托雷斯，饰演剧中虚构律师事务所的创始合伙人；里克·霍夫曼，饰演托雷斯心怀叵测的同事路易斯·利特；梅根·马克尔，饰演水平高超的律师助理蕾切尔·扎恩；加布里埃尔·马赫特，饰演大律师哈维·斯佩克特；帕特里克·J.亚当斯，饰演天资聪颖的律师，蕾切尔的爱侣迈克·罗斯。

下页：2011年，梅根凭借出演《金装律师》取得事业突破。在这部剧中，设计师服装与剧本的作用同样重要。时尚干练的扮相为梅根赢得了大批粉丝。由于头发对她饰演的蕾切尔·扎恩极其重要，因此合同规定梅根必须垂发上镜。

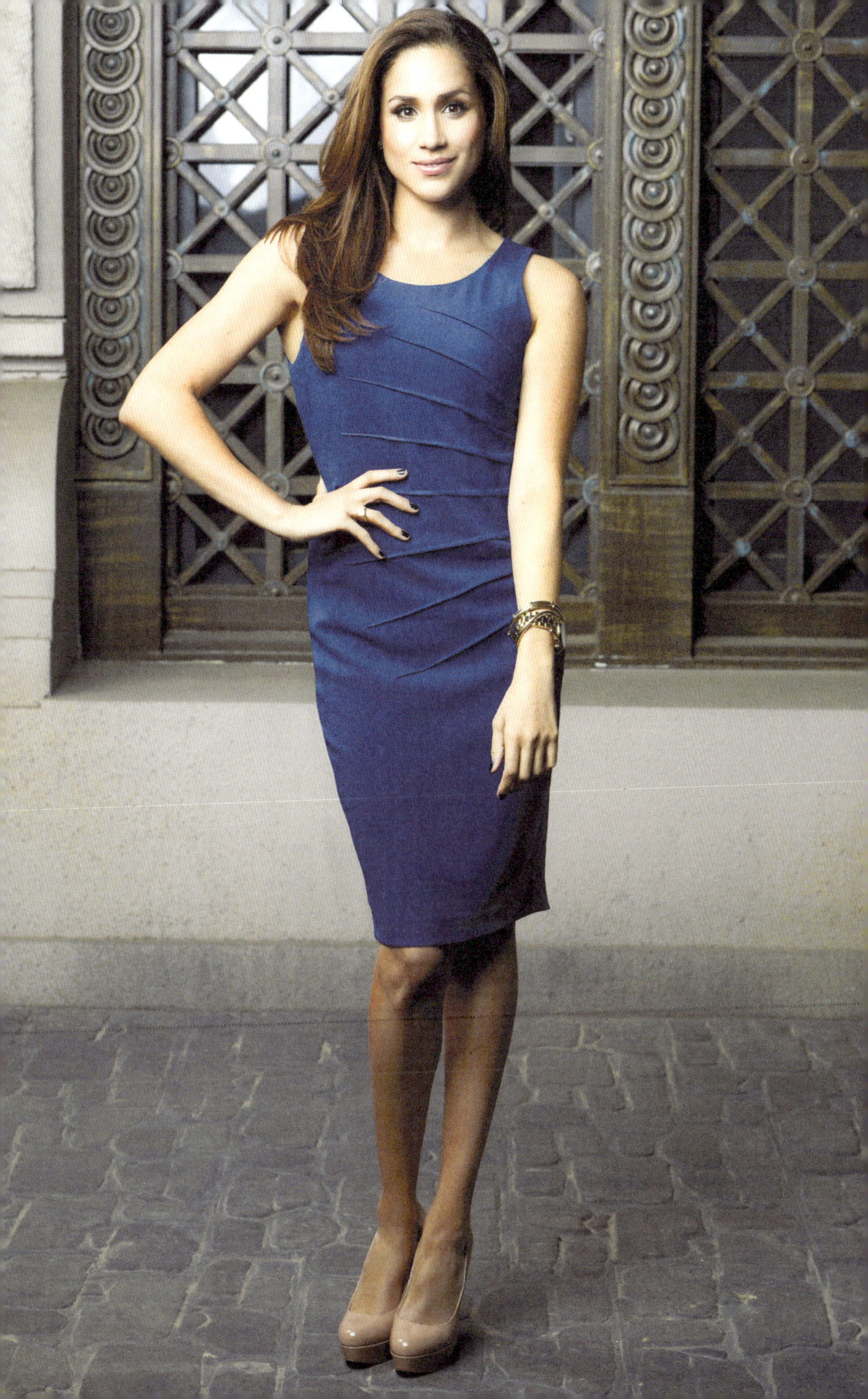

左图：2013 年 1 月，在由 Elle 杂志主办的年度女性电视人物庆典上，梅根与妮科尔·里奇、埃莉·肯珀、埃丽卡·克里斯坦森共同庆祝女性在电视行业取得的成就。

右图：梅根的风格就是自信优雅而不刻意。本图为 2012 年 1 月在多伦多拍摄的照片。

与许多少男少女一样，塔梅卡·雅各布斯刚到好莱坞时充满斗志，一心想要当名模或名演员。她身高约 1.78 米，比其他女生高一头。同样不同寻常的是她有克里奥尔人、挪威人、非裔美国人、法国人和西班牙人的血统，这些还只是她知道的部分血统。

起初，她接了些模特的活儿，之后参加了由豪伊·曼德尔主持的新综艺节目《一掷千金》的试镜。这档节目起源于荷兰，很快风靡全球，节目里展现了贪婪与谨慎之间的张力，收视率必火无疑。节目现场有 26 个公文包，每个包里装有 1 美分至 100 万美元不等的现金，选手的任务就是选包。选手要一个个排除，希望能留下 100 万美元的大奖公文包。一名银行家会定期出场，但不出镜；选手这时可以选择拿着小奖退出比赛，也可以留在场上，争取赢得现金大奖的机会。观众总是想看选手孤注一掷。

26 个公文包是由 26 个面带微笑的美丽女郎拿在手中，诱惑着参赛选手。塔梅卡就是这些女郎之一。她是 21 号女郎，从 2005 年 12 月开播到 2010 年结束放映，她一直是 21 号女郎。

节目组第一次请她参加的时候，塔梅卡都乐疯了。她几乎得到了想要的一切：每期节目 800 美元，一天定期录 7 期。效益好的时候，一天就是 5600 美元，一周能赚两万美元以上。此外，代言和独立出镜的机会也来了。每天端着一个装满假钱的公文包站好几个小时就能名利双收，真是莫大的讽刺。

另外，做公文包女郎也挺好玩的。其他女孩顽皮淘气又活泼，聚在一起就像姐妹会似的。她们只有两个大敌：寒冷的演播室和穿着脚疼的超高跟鞋。

2006年入选后，梅根加入了公文包女郎的行列，参加了第二季的录播。起初，她和模特克里斯·泰根一起做替补，正式女郎生病或来不了的时候就顶上去。最后，她成了正式公文包女郎，号码为24号，离塔梅卡不远。梅根第一次来的时候，塔梅卡就知道她也是混血女孩。"我们从没说过这件事，"她回忆道，"我们彼此看了一眼，然后就知道了。"这一眼是无声的语言。两人都经历了充满误解、轻视和挖苦的生活，这一切都凝聚在了会心的一眼中。她们还有共同认识的人：塔梅卡早年间受过模特、脱口秀主持人、全栖明星泰雅·班克斯的关照；而梅根对泰雅再熟悉不过了，她也是无玷圣心学校的毕业生，是母校的传奇人物。现在轮到塔梅卡投桃报李了，她向梅根透露了节目组成员个性的内幕消息，教她要留意哪些人、哪些事。她还介绍了每天的日程安排和必备物件，因为要穿着高跟鞋在接近冰点的演播室里站一整天，一定得带上一双舒适的靴子。不过塔梅卡在聊天中发现，在梅根眼里，《一掷千金》只是赚钱的垫脚石，之后她还要追求更有说服力的角色。

《一掷千金》通常每天会在凌晨5点30分开录，梅根和其他公文包女郎提前几小时就要到场，做发型、化妆，还有上台前最后一次调整暴露的着装。每一期的服装都不一样，每天要拍好几期，因此她们经常要调整3次衣服。一批漂亮合身的晚礼服送过来以后要被粗暴地剪成好几片，以便充分显露女郎们的身材曲线。

大致处理好衣服的长度和形状之后，穿上全套行头的女孩们要最后试一次服装。有些晚礼服收得太紧，女孩们甚至不能自己弯腰穿上令人痛苦不堪的高跟鞋，要助理帮忙才行。

公文包女郎都会穿塑身内衣，不仅是为了显得肚子平一些，也是因为演播室里太冷，起一点保暖效果。最后一步是往胸罩里塞东西，用13号女郎莱拉·米拉尼的话说是"鸡肉饼"，有时会塞海绵垫，目的是突出乳沟。

梅根站在台上，一小时，又一小时，她努力让自己不要颤抖，穿着廉价高跟鞋的双脚酸痛不已，脸上挂着虚假的微笑，脑子里想的全都是一周结束时拿到的工资。她进军演艺圈时没有想到会遇到这种事情。但是，年仅25岁的她赚到的钱已经超过了之前的总和。档期安排也很好：紧张集中的拍摄期之后是长达几周的休整期，她可以参加其他试镜，也可以和特雷弗外出旅行。她管特雷弗（Trevor）叫"Trevity-Trev-Trev"，这个昵称最早是说唱歌手LL Cool J.（原名为詹姆斯·托德·史密斯）给他起的。

汉普顿已经去过了，如果档期允许的话，她还有其他想去的地方：希腊、墨西哥、泰国，以及加勒比海周边的每一个国家。她梦想着去曼谷品尝上过美国国家公共电台和《纽约时报》的乔特·齐特雷（Chote Chitr）餐厅。梅根和特雷弗都热爱冒险，追求冒险，喜欢随便坐上一班飞机，去往陌生的异域，这就是支撑两人恋爱关系的关键。渐渐地，梅根赢得了一个名声：她知道全世界最偏僻的角落里最新开的餐厅和最独特的旅店。

如果有时间的话，特雷弗会和她一起去，但实际上他很少有空闲。两个人都很能干，特雷弗有时候甚至更忙。与《一掷千金》里的"姐妹"们的丈夫或男朋友不同，特雷弗从来不去探班。这件事很不寻常，以至于其他女孩有时会说三道四。不过，许多其他名人（主要是体育明星）也会过来看看，有些人明显是想结交姑娘。有一位常客让姑娘们害怕，他就是唐纳德·特朗普。他当时在办环球小姐选美大赛，有一次还客串了《一掷千金》里的银行家，同时宣传他主持的综艺节目《学徒》。这位经常破产的房地产大亨在片场转悠发名片，邀请她们去自家的球场打高尔夫球。塔梅卡·雅各布斯告诉我："有些姑娘被金钱和权力吸引，于是上了他的船。"

梅根与这位未来的总统保持了相当的距离。她基本从来不参加"场外活动"，不跟着一群有保镖护送的美女在西好莱坞各大酒吧穿梭。梅根热衷于结交社会名流，但她很少，可以说几乎不出席这种深夜唱歌陪酒的喧闹场合。

梅根从来不像其他人那样扮怪相，拍傻里傻气的照片，这一点也很值得注意。毕竟接受过作为摄影大师的父亲的教导，梅根知道适合自己的角度，总是摆出甜美的姿势。如果她被拍到拿着酒杯，杯里永远都是香槟，而且从没有人听过她骂脏话。

除了《一掷千金》的定妆宣传照以外，梅根只为这个节目做过一次宣传，而且表现得很随性。那是2006年艾美奖颁奖典礼的代言环节。在这个环节，厂商会给艺人赠送自家产品，然后让艺人和公司商标来一张合影。梅根在照片里身穿度假休闲服，躺在瑜伽垫上。梅根很少参与"职场"八卦，据莱拉·米拉尼回忆说，她总是在背试镜要用的台词。梅根的饮食习惯也与其他人不同。其他姑娘在不上场的时候只能"舔糖果，吃蔬菜"，梅根则是吃比萨和薯片，好像丝毫不担心长胖。许多姑娘觉得能上《一掷千金》就是人生制高点，梅根却只将其视为临时的跳板。塔梅卡回忆道："她人特别好，很可爱，无忧无虑的，讲原则，脑子也好使。现在回想，她显然对自己有一个定位，而且想要守住这个定位，为以后的事业作准备。"她知道自己要去的地方，而那个地方当然不是《一掷千金》。

趁着11月节目停播，梅根参加了电视剧《犯罪现场调查：纽约》的试镜，并拿到了一个拉丁裔犯罪嫌疑人的角色，还是要求她穿露肉的紧身胸衣和吊袜带。然后，她就回到了《一掷千金》冰冷的摄影棚。

梅根录《一掷千金》的时候，特雷弗正担任由笑星罗宾·威廉姆斯和曼迪·摩尔主演的婚姻主题喜剧片《爱情证书》的制片人。梅根暗暗希望能获得一个角色，不过适合她的配角都给了更有经验的演员，她们之前和导演肯·夸皮斯在电视剧《办公室》中有过合作。这件事引发了情侣间的矛盾。梅根埋怨特雷弗没有尽力在自己制作的影片里给女朋友安排角色。

不管怎么说，她感觉自己在2007年会有突破。在2月份给2007年电视剧试播集试镜的时候，她结识了顶级选角经纪人多娜·罗森斯坦，罗森斯坦愿意帮她一把。罗森斯坦曾任ABC高级副总裁多年，负责过《纽约重案组》《罗斯安家庭生活》《双峰》

等剧集的选角工作，后来离职创业。值此关键时刻，成了梅根最好的机会。

这部剧名叫《使徒》，半是警匪片，半是《绝望主妇》，还有类似于后者的旁白叙事。故事发生在南加州的一处偏僻郊区，居民除了警察就是警察的家属。试镜之后没多久，梅根就收到了期盼已久的消息，"梅根，你被选中了！"她的经纪人激动地告诉她。当她把消息告诉父亲时，父亲给女儿写了一封饱含爱意的贺信，梅根一直把这封言语温柔的信放在床边的手雕盒子里。

梅根很喜欢分配给她的角色：一位名叫凯利·卡尔霍恩的前脱衣舞女，后来一位重获新生的基督徒警察爱上了她并和她结婚，将她从污秽的生活中解救了出来。

梅根的角色说不上多女权，不过跟"公文包女郎"相比，凯利·卡尔霍恩至少是朝着正确的方向走了一步。她的非裔美国人丈夫（饰演者为基斯·罗宾逊）陷入了自我矛盾，一方面谴责她过往的堕落生活，另一方面又为她张扬却脆弱的性格所吸引。在这块人际关系亲近的土地上，凯利从与其他警嫂的交往中获得了力量和友谊。一开始，她跟警嫂们分享保持房事情趣的技巧，后来又教她们跳脱衣舞的诀窍，要如何充满诱惑地脱掉衣服，让她们大吃一惊。梅根很看好这部剧。《使徒》可谓万事俱备：演员阵容强大，里面有肖恩·海托西坐镇主角，他擅长表演受过严重创伤、焦躁不安的角色，出演过《阿尔法狗》；剧情有深度；女性主义题材；还有困居一隅的警察小镇这样的背景环境，表现冲突和张力的空间很大。

2007年6月，正片长度的试播集交了上去。福克斯的人看了几遍，反复谈了几轮，最后决定放弃把它拍成电视剧的想法，准备在次年以电视电影的形式上映。梅根原本对这部剧有很高的期待，如今是这个结果，不禁深受打击。不过，她最起码可以在演员简历里加上"脱衣舞女"这一条，她也确实马上就这么做了。

梅根拍摄《使徒》期间，特雷弗在制作喜剧片《关于史蒂夫的一切》，剧本是他的两个客户写的，主角是桑德拉·布洛克和布莱德利·库珀。布洛克以制片人的身份把控全局，特雷弗则负责管理手下越来越多的编剧和导演。

他成天忙着督促导演编剧和发掘新客户。他去咖啡厅的时候，只要看到敲键盘的人就上去递名片。"事情最糟能怎样呢？看垃圾剧本？"他大笑着说道。他马不停蹄地看剧本，甚至在家里的浴室也摆上了一摞剧本，还有做笔记用的防水钢笔。

至于梅根，事实证明，她想通过男朋友进剧组是比较困难的，至少到目前为止是这样的。不过，现在有了多娜·罗森斯坦做选角经纪人，情况就不一样了。她给梅根打来电话，让她熟悉熟悉萨蒂·瓦伦西亚这个角色。萨蒂是拉斯维加斯赌场老板的女儿，从小娇生惯养。这部喜剧片名叫《善行》，情节大致是黑道人亨改邪归正的故事。其他主角包括《芝加哥烈焰》里的特里特·威廉姆斯（饰演萨蒂的父亲）和《穷家富路》里的凯瑟琳·奥哈拉（饰演瓦伦西亚一家的老夫人），制作水准和搞笑水准都很值得期待，有机会被ABC选中拍成电视剧。

《善行》的拍摄地点是拉斯维加斯和洛杉矶，还有加拿大演员帕特里克·J. 亚当斯加盟，可惜不讨大众的喜欢。于是，《善行》的试播集依然落得了电视电影的下场。

不过，片约还是不停地到来。时年 27 岁的梅根刚拍完《善行》，紧接着就加入长寿剧集《飞跃比弗利》（新版）的剧组，梅根十几岁的时候还看过这部剧，现在她在里面饰演温蒂一角。新版力图在保留原版特色的同时加入时代元素。

在第一集中，梅根饰演的角色依然以下流形象登场，而且只活了两集，没有做任何交代就消失了。不过，这部剧会连拍五季。她在老牌剧集《新霹雳游侠》《寻人密探组》和情景喜剧《辩护律师》中就客串过各种角色，快要成为电视观众的熟面孔了。不过，她依然没有获得真正的名声，甚至连稳定的收入都没有，她赚的钱刚刚够支付演员的医疗保险。她总是在突破与停滞的交界点徘徊。

J. J. 艾布拉姆斯请梅根扮演《危机边缘》里的初级 FBI 探员艾米·杰瑟普时，她又一次对这部剧产生了很高的期望*。她出演了第二季的前两集。尽管导演阿吉瓦·戈德斯曼（他最有名的作品是热门电影《美丽心灵》）暗示杰瑟普探员可能会继续出演，但她再也没有出现在这部讲述易容者和平行宇宙的诡异剧集中。

事实上，她的下一次亮相回到了正常世界，在知名喜剧电视电影《堕落指南》中出演一名吸食可卡因的瘾君子。该片改编自 2006 年获奖的独立电影，这部电影以梅根在《一掷千金》节目的

---

* J. J. 艾布拉姆斯是科幻剧集《危机边缘》的编剧，早在他导演的《星球大战》和《星际迷航》取得巨大成功之前，他已经被誉为《碟中谍3》和《迷失》的幕后主脑。

同事莱拉·米拉尼为主角展现了洛杉矶风月场的无常。

在这部充斥着性和毒品、无所顾忌的电影中，梅根饰演一名单身女孩，她穿上超级紧身的黑色连衣裙，很有《一掷千金》的影子。

她在影片里抽过可卡因，教过勾引男人的技术，还有谁比她更有资格在银幕上与罗素·布兰德*接吻呢。"异域风情"的长相为梅根赢得了 2009 年春季摄制的《前往希腊剧院》里的塔季扬娜一角。这个角色没有台词，正式的演职员表里也没有她。不过，她总比镜头被剪的布兰德前妻凯蒂·派里和歌手阿兰尼斯·莫里赛特要强一点。

她的男朋友在这段时间里获得了不少赞誉。凭借经理和制作人的工作，登上了《好莱坞报道》杂志中"2009 新生代"的"35 岁以下的 35 位优秀人物榜"。多年的应酬攀谈终于有了回报，而且他早已将美丽的梦中情人拥入怀中。荣获《好莱坞报道》杂志荣誉称号后，他在以天鹅绒围绳和优质酒品闻名的好莱坞俱乐部 My House 开了一场派对。在派对上，梅根尽可能地表现出了杰出捐客贤内助的形象，美丽动人又富有才华。

现在，特雷弗可以从堆积如山的剧本里面找点事情给梅根做了，这样最起码能堵住她的嘴，免得她成天唠叨着要进他制作的影片。他的两个客户，《电锯惊魂》4—6 部的编剧马库斯·邓斯坦和帕特里克·梅尔顿制作了一部 19 分钟的短片，名叫《候选

---

* 罗素·布兰德以前是瘾君子兼笑料，现在成了英国电影明星。

人》,改编自亨利·斯列萨里的短篇小说。在一个场景里,梅根扮演的秘书炫耀着一个手写地址的信封,上面的字写得很漂亮——这是在炫耀她的书法技能。

后来,特雷弗又给她在电影《勿忘我》中找了一个小角色,这是一部以"9·11"事件为题材的剧情片,主演是英国新生代演员罗伯特·帕廷森。该片拍摄于2010年6月,编剧是他的客户威尔·菲特斯,上映后票房口碑双丰收,成了特雷弗做制片人以来最大的成果。或许,梅根就是他的幸运星。

梅根却不这么想,她在其匿名博客"现役女演员"的一篇博文中写道:"我不跟你们撒谎。我有许多天都是蜷缩在床上度过的。面包加红酒,一个女人的顾影自怜。很可怕,很荒诞。"她讲述了自己短短的镜头被剪、无休止地被拒、试镜现场的毒舌女演员,还有试摄出错都是什么感受。演员是要求最苛刻的职业之一,她对此有一句评论:"你要做的一切就是为心碎作好准备。"

2010年7月,梅根又有新片约了。这一次,她在喜剧片《恶老板》中跟喜剧演员杰森·苏德基斯演对手戏。她的戏份只有35秒,扮演一名联邦快递的送货员,饰演变态老板的苏德基斯跟她搭讪说,她长得这么"俏",不该干快递,梅根只是冷淡礼貌地做完了该做的事,然后就结束了。你眨一下眼睛就会错过她。不过,她见到了自己的电影偶像唐纳德·萨瑟兰,他在片中饰演杰克·佩利特。"跟他拍片真是快让我兴奋死了,"她在博客"现役女演员"中欢呼道,"发型部门的人跟我说他简直像宝石一样,还说我肯定会爱上他的。于是,我就去找他了,目睹了他的潇洒风度。我说：'萨瑟兰先生，我听说我在午休前就会爱上你。'他哈哈大笑，气氛放松了下来。我当时特别想高声尖叫，不过克制住了自己。"

尽管见到偶像很高兴，但梅根意识到这次登场依然是个"花瓶"角色，是时候转型了。她已经年近30，在以残酷闻名的好莱坞，她很快就会被视为明日黄花。要是她不上心的话，经纪人就该暗示她修改简历上的出生日期了。

又一个选角季过去了，除了日记本上记录下的一连串试镜，她一无所获，难免觉得泄气，尤其是听说同龄人取得成功的时候。5年期限已到，而她并没有迎来飞跃。

特雷弗的金句库又派上用场了。除了"5年"这句以外，他还有一句口头禅："这行不收没斗志的人。要么买私人小岛，要么进海岛监狱。"

梅根整理好短裙，凝了凝神，走进下一个选角室。她不想现在就被困住。

第六章

定制明星

蕾切尔·扎恩这个角色，难。选角难，表演难，连选名字都难。性感而难以接近的蕾切尔是一部 2010 年新剧中的角色，是主角的恋人。这部剧新到什么程度？剧组内部连剧名都难以定论。片方美国电视网的部分高管倾向于"律师之心"（*A Legal Mind*）这个剧名，另一些人则认为"金装律师"（*Suits*）的名字恰好贴合衣冠楚楚又牙尖嘴利的律师们。最后，"金装律师"的名字胜出。为了打造一部别出心裁的剧，剧组每天都要争吵数次，剧名之争只是其中之一。选角和"来电"是《金装律师》大红大紫的关键。帕特里克·J.亚当斯是迈克·罗斯一角的理想饰演者。迈克是一名过目不忘的法学天才，由于患病的奶奶要住高档养老院，所以他付不起法学院的学费。眼睛是帕特里克拿下这个角色的关键：在他长长的睫毛下，有一双富有穿透力的蓝眼睛。至于其他方面，他不过是长相平平的邻家男孩罢了。他既有异于常人的聪慧头脑，又有恰到好处的"不休面"，丰满地呈现了一个以法学院入学考试枪手为业的辍学学生形象。

经过几周的选角环节，片方于 7 月 7 日选定《小岛惊魂》主演加里布埃尔·马赫特扮演律所负责人哈维·雷金纳德·斯佩克特，里克·霍夫曼扮演哈维两面三刀的合伙人路易斯·利特，吉娜·托雷斯扮演另一名合伙人——牙尖嘴利的杰西卡·卢尔德·皮尔森。

还有一个角色就是蕾切尔·扎恩了。她是一名出身上层阶级、聪慧高雅的律师助理，她在事务所内地位极高，甚至有自己的办公室，而好几名正式律师都只能坐在公共办公区。她要性感，又不能过分；她有女强人的自信，但也有自己的弱点，因为她没有通过法学院入学考试（LSAT）。制片人要找的演员要坚强，有性格，同时要靓丽迷人。

"这个角色太难找人了，"一名行政制片人回忆道，"不过，梅根·马克尔出现了。"选角名家阿普丽尔·韦伯斯特试镜时告诉梅根，"少化一点妆，多一点自己"，于是她选了一套兼具性感、职业和休闲气质的服装来试镜。当她发现深紫色细吊带上衣、黑牛仔裤和高跟鞋更像是想找男人的单身女律师，而不是对法律无所不知的迷人律师助理时，再想换似乎已经有点晚了。

轮到她上场之前，梅根跑到海恩斯·莫里斯（H&M）里买了一件35美元的朴素黑色长裙，连试试尺码的时间都没有，又赶忙回到了工作室。当时这部片子还叫《律师之心》，制片人让她换好新买的衣服再来上镜。那是她这辈子花得最值的35美元。这部剧的主创亚伦·科尔什在梅根·马克尔试镜后告诉编剧萨姆·卡什纳说："我们互相看了看，感觉就是，'哎呀，就是她了！'我觉得这是因为梅根聪敏尖锐又不失甜美。"

梅根把蕾切尔·扎恩演活了。这位有颜又多智的律师助理一开始起名叫蕾切尔·莱恩，但审核部的人觉得这个名字和一个真人的名字太接近了。于是，她改用了该剧选角导演伯妮的姓氏"扎恩"。这是剧组内给她的一项荣誉，以纪念这位有名的好莱坞人士为本剧作出的贡献。

梅根其实并不完全贴合这个角色。她当时已经 30 岁了，演年轻律师助理有点显老；而且这部剧有混血儿吉娜·托雷斯扮演律所合伙人杰西卡·卢尔德·皮尔森，"种族多样性"这一个要求已经满足了。

梅根的主要竞争对手是年纪更轻、经验也更丰富的加拿大演员——金发碧眼的基姆·肖。梅根如今已经学会了管理自己的预期，不会对拒信耿耿于怀。"太白、太黑、太胖、太瘦"，她因为种种原因落选过太多次了。

梅根对自己的试镜表现并不满意，在车里给自己在格什经纪公司的经纪人尼克·科林斯打电话时说，她台词背得不好，说得结结巴巴的，那是她一生中最糟的一次试镜。"我觉得自己在里面做得不好。我要再去一趟，"她哭着说，"我真的想要那个角色。" 2013 年，她接受《嘉人》杂志采访时回忆道，她的经纪人之前从其他演员那里听过太多这种话了，而他的回答永远是一样的："我也没办法，下一次用心做好吧。"那种感觉再次向她袭来："我为什么要遭这种罪？"她毕业于顶级学府，简历光鲜，人脉广阔，本不必每天如此紧张的。但是，梅根感觉自己受到了一种不可抗的吸引力。正如她在接受艾尔·诺顿采访时所说："煤矿小镇长大的孩子十有八九会接着当矿工。我是在这一行长大的，而且因为我爸爸，我一直在片场。所以，我当演员似乎是自然而然的事。"

尽管饱受挫折，她依然努力保持乐观，上瑜伽课，做冥想，保持心境的平和。她同期还参加过别的试镜，但没有哪一部能像《金装律师》这样令她心动。在她心里，她感觉自己就是这个角色的完美人选。另外，她和角色的名字都是蕾切尔，又增加了一分羁绊——这就是缘分啊。

梅根不知道，在她感觉试镜搞砸了的同时，剧组的行政人员正在幕后忙着给美国电视网申请试播集，起草合同。她回忆道："我们都不知道他们很喜欢我读的台词，喜欢我对蕾切尔的演绎，正帮我起草合同呢。这给我上了很好的一课。自己评判自己从来都是最刁钻的。"

美国电视网的高层选择了马克尔，没有选肖，并于2010年8月24日正式敲定人选。时任美国新闻网联合总裁的杰夫·瓦赫特尔解释道："肖偏向传统的金发邻家女孩。作这个（决定）很难，因为她俩都很优秀。梅根有某种闪光的东西，多了一点练达，多了一点老成。"

决定性的因素在于片方对蕾切尔和迈克关系走向的安排。2017年，瓦赫特尔在接受《好莱坞报道》杂志采访时说："从《金装律师》这部剧一开始，我们就要把帕特里克打造成第一酷男孩：他头脑聪明，过目不忘，混进律所，然后遇到了一生的挚爱。我们需要一个有气场的女生，既能把他镇住，又不会把他比下去。然后两人走上正轨，这才有意思。"

梅根接到经纪人来电，通知她已经入选《金装律师》试播集，预计当年秋季在纽约开拍，当时她还在接其他剧的试镜。她在兴奋之余也有点担心。毕竟，她之前有过同样的经历——特别是《使徒》那一次——起初都是自信满满，以为自己会腾飞，可结果并非自己所期待的那样。8年来辗转试镜场之后，她终于要迎来转机了吗？《好莱坞报道》杂志发表了一篇关于梅根入选的短文，文中提到了她在2010年的喜剧片——《前往希腊剧院》中默默无闻的角色。

梅根开始通读剧本后，帕特里克和她之间显然很来电。来不来电这件事最是捉摸不定的，就像表演节目里的瓶中闪电一样。两人擦出火花是关键，因为整部剧的叙事就是由恋情的起起伏伏撑起来的——美国电视网要的就是这个效果。

2010年秋季，梅根飞往纽约拍摄90分钟的试播剧。她也从一开始中选的欣喜若狂逐渐开始思考现实。她已经拍过5部试播剧了，其中有一部ABC的剧和这部剧一样，主演里也有帕特里克，但5部剧全都没有走下去。她后来说道："（试播剧）就像你的孩子，然后你就等啊等，看他会不会被选中。放手真的很难受。我感情最深的一部是《使徒》，那是我的第一部试播剧。历史不能假设，不过我现在回过头看：'那本来会是部好剧啊。'但是，谁又知道呢？"

开拍第一天，通常镇定自若的梅根有一点焦躁。尽管她不是舞台新人，对电视剧制作也不陌生，但坐在看台上看着别人拍或者跑龙套是一回事，站到大舞台上就是另一回事了。尽管如此，她毕业后在片场也算久经历练，观察演员和剧组职员的交流，听着制片助理之间谈工作、聊八卦，成天在员工食堂晃悠，她已经学会了在片场该怎么做。从摄影到灯光，大家都很喜欢她。梅根有自己的一点小心思。她从爸爸那里学到，灯光的位置既能为漂亮脸蛋添彩，也能让它显得扭曲，而灯光的位置有时就是看灯光指导帮不帮忙。

在大家的记忆中，梅根快活热情，会聊天，更会倾听，在台上不会抢戏。她善于团队合作，散发出智慧的光芒，只有和帕特里克在台上互动时她才会表现出严厉和雄心勃勃的一面。

在这部服装知名度不亚于情节的潮流大戏中，服装设计师若利·安德烈亚塔对梅根扮相的设想非常关键。她后来回忆道："蕾切尔是一个真正的优雅丽人，又有一点叛逆的影子。梅根的风格低调、身段靓丽，正合适。"

梅根从纽约回来后，特雷弗带她去了一趟中美洲国家伯利兹的海滨度假村。伴着热带的盎然绿意和阵阵海浪，他终于向相处6年的女友求婚，将一枚精致的单钻戒指戴到了她的手指上。梅根激动极了。"他们深情对视，"她的一个朋友回忆道，"相爱甚笃。"

梅根与相恋多年的男友订婚了，《金装律师》的试播集兆头也不错，有可靠消息称它会拍成电视剧。终于，她的好莱坞梦成真了。她同父异母的哥哥小汤姆告诉我："梅根在走上坡路。她嫁给了制片公司老板，钱也挣得多。"

2011年1月，片场里的传言变成了喜悦的现实。美国电视网同意拍摄《金装律师》第一季，摄制工作将于4月25日在多伦多展开。经过那么多年的试镜落选、片段被剪，还有没了下文的试播剧（这最让她觉得伤心），梅根总算要演完整的电视剧了。唯一不好的地方就是，她要坐5小时的飞机才能见到身在好莱坞的未婚夫。但是，她和特雷弗坐飞机本来就跟别人叫出租车似的，因此这点牺牲也是值得的。他们都是雄心勃勃的年轻人，要是说起来的话，特雷弗比梅根还要拼命。他明白这是一次不容错过的机会。

但是，她的喜悦也蒙上了哀愁。筹备参演期间，她妈妈打来电话，说她82岁的外祖父阿尔文·拉格兰遛狗的时候被绊倒了。老人的头磕在石板路上，3月12日伤重不治身亡。阿尔文的形象在梅根的脑海中还很鲜活，她对生活中的美好事物的兴趣正是萌生于此。在老人的遗产中，多莉亚继承了他的绿色灰泥平房，房子位于所谓的"黑人比弗利山"，与多莉亚攻读社会工作专业继续教育硕士学位的南加州大学离得很近。在毕业典礼扎堆的6月，多莉亚在临时搭建的颁证台上领取了学位证，梅根骄傲而喜悦地看着她，大概要比母亲还要兴奋。多莉亚出身平凡，上高中的时候又受到1971年圣费尔南多地震的影响，就读期间还要打零工赚学费。因此，她的成就更彰显了她的聪慧和决心。

♛

6月23日，《金装律师》首集播出，评论界基本持肯定态度，更重要的是，观众反响热烈。演职人员和电视网的投资人都欣喜若狂。制片人激动不已，他们把宝押在梅根和帕特里克身上，如今看来是赌赢了。粉丝们对两人在荧屏上的"化学反应"展开了热烈讨论。

梅根和特雷弗的婚礼于2011年9月在牙买加举行，据婚礼的一位来宾称，荧屏上的金童玉女在荧屏外的"化学反应"同样引人注目，几乎到了令人不安的程度。演员拍戏的时候朝夕相处，合作紧密，难免会产生超越普通熟人的感情，梅根和帕特里克显然也是如此。当时，帕特里克对两人的交往有着别样的感觉。他后来对作家莱斯利·戈德堡说："在某些方面，梅根和我关系最亲近，因为我们是演员里面最小的两个，演戏的经验也最少。拍这部戏的时候，我们在一同成长。"

假如他知道梅根趁《金装律师》拍摄空当去演了一名精于算计的连环杀人犯，他可能就会跟她保持距离了。她在悬疑犯罪剧《灵书妙探》里的《童话杀人案》这一集中伪装成睡美人的样子，实施了一系列以童话为主题的复杂杀人案。这个角色也是她的贵人多娜·罗森斯坦帮她谋到的。

对梅根来说，拍摄《金装律师》第一季比筹办婚礼的压力还要大。她将婚礼地点选在了位于奥乔里奥斯市的牙买加宾馆，站在阳台上就能看到如画的海景。之后，她就把婚礼的事情委托给了牙买加宾馆的婚礼策划师，由其全权负责细节事宜。她和特雷弗都是大忙人，策划师真是救了他们一命。她只需要负责确定宾客名单、现场摆放的花朵和婚宴菜单——还有装上一两件比基尼。对了，还有她的抹胸式白色婚纱。

婚礼三周前，特雷弗在施埃莫兄弟主持的《施埃莫知道》（*The Schmoes Know*）播客频道做了一期隐晦的节目，内容是他与老朋友克里斯蒂安·哈尔洛夫和马克·埃利斯共事的经历。他轻松活泼，爱拿自己开涮。他讲过一件事，说自己上厕所时害怕水花"溅回"

到他最喜欢的意大利 Canale 牌"英雄正装"上面，于是站得离小便器有点远，结果受到了一名奋进社高级经纪的责备。梅根在《一掷千金》的前同事们说，梅根总是克制周到的样子，与她的未婚夫大不相同。节目是在线直播的，这就意味着特雷弗在节目中间拿着梅根送的雕花小酒瓶，大口喝酒的样子全被拍下来了。她给他发短信，让他"把酒瓶放下，看起来太不专业了"。当主持人之一提出邀请梅根来上节目的时候，特雷弗插话道："她算老几，不管她。"这期节目暗示了两人的性格差异：特雷弗是个说话不过脑子的大嘴巴，梅根则极其注重维护个人形象，总是要营造出成熟优雅的氛围，两人截然相反，两人的结合实在令人震惊。

她有时可能会觉得特雷弗太不修边幅，太追求舒适了，尤其是在《金装律师》第二季已经预订，她的事业蒸蒸日上的时候。续订本来是值得庆祝的好事，但也带来了不确定性，因为这对新婚夫妇又要面临两地分居、两三周才能见一次面的情况，具体要看特雷弗有没有人要见，要不要回长岛看望家人。婚礼是两人难得的放松机会，他们决定好好度过一个派对周末，还要在海滩上来一场独轮车大赛。12 分钟的仪式环节是整个周末的高潮，登上了《好莱坞报道》的《娱乐圈内幕新闻》栏目。

在大海的背景下，两人背诵了自己写的誓言，承诺彼此相亲相爱。梅根的一名伴娘回忆道："那次婚礼太令人感动了。我第一眼见她穿上婚纱时就哭了。"两人之前已经在洛杉矶举行了简短的民事婚礼，但这里才是亲友欢庆的场合。伴着传统犹太民乐《大家一起欢乐吧》的合唱声响起，新郎和新娘连同他们的椅子被吊到空中，俯瞰着地面上的宾客。

从牙买加办完婚礼回来后，趁着《金装律师》在多伦多再次开机之前，特雷弗和梅根还能再多相处一段时间。她很享受这段短暂的休憩，同时，她的父亲也正需要女儿的帮衬。祖母多丽丝以前住在佛罗里达，后来身体越来越差，于是父亲用飞机将老人接到了洛斯菲里兹的家里，之前几个月他都在照顾老人。他的家离工作地点 ABC 演播室不远，所以白天也能回来看一看妈妈。后来因为多丽丝的阿尔茨海默病必须有专人看护，他把母亲送进了位于洛杉矶格伦代尔的平价养老院广景看护中心。《金装律师》第一季收官后，梅根就经常去看望老人，从位于西洛杉矶的希尔戴尔驱车近 20 千米去看望祖母，给她读书、梳头，还陪她做小手工。随着多丽丝的阿尔茨海默病病情日益恶化，她已经不认识儿子老汤姆和孙子小汤姆了。不过，当她听到梅根的声音，感受到梅根温柔的抚摸时，老人还是会眼睛一亮。"奶奶得了阿尔茨海默病，不太认识我和我父亲，不过对梅根总是还行，"梅根的哥哥小汤姆回忆道，"我看到了梅根私下的一面，她确实是有爱心的。她与多丽丝的关系很奇妙，虽然两人并不是很熟。"

10 月，梅根和特雷弗踏上了于比弗利山酒店举办的反诽谤联盟娱乐产业颁奖晚会的红毯，这是她参加过的最高规格的活动。更重要的是，她还担任晚会的主持嘉宾。梅根身穿一件由斯特拉·麦卡特尼设计的朴素天鹅绒酒会晚礼服，特雷弗满脸写着骄傲，还是平常略带不羁的样子。夫妇二人置身于名流之中，梅根真是光彩照人。

2011年11月25日，祖母多丽丝去世，特雷弗和梅根都出席了葬礼。对大多数马克尔家的人来说，这是他们第一次和制片人特雷弗见面。梅根的哥哥评论道："她深陷情网，尽管当时有丧事，我看到他俩在一起的时候，她还是显得特别开心。他们在一起似乎幸福极了。"

这样全家聚在一起的机会很少，要等很久才有下一次。梅根上一次见到同父异母的姐姐伊冯娜（她后来自己改名为萨曼莎）还是梅根和老汤姆去阿尔伯克基参加萨曼莎本科毕业典礼的时候。"她人挺可爱的，特别礼貌，甜美。"老汤姆的第一任妻子洛斯琳这样评论来访的梅根。毕业典礼期间，梅根坐在萨曼莎不满10岁的女儿诺埃尔旁边，跟小女孩闲聊，然后微笑着摆姿势拍照，努力让大家都感到自在。

这是梅根最后一次跟马克尔家的亲戚见面，之后也要抛下特雷弗，飞往多伦多适应新的生活，参与长达9个月的成功剧作《金装律师》第二季的摄制工作。当然，两人会通过通话软件交流，但与丈夫分离不免令梅根感到惆怅，特别是在加拿大漫长阴暗的冬季。她尽可能地将加州风味注入萨默希尔的出租屋，将墙面刷成亮色，试图在阴郁寒冷的环境中传递出光明、轻盈的感觉。她用上了蜡烛、绿叶植物，当然还有酒店式的密织白色床单，它们共同将好莱坞的感觉带进了多伦多。

外面或许冰天雪地，片场内却气氛火热。蕾切尔·扎恩和迈克·罗斯之间互生情愫，却经常受到阻挠，再加上围绕律师事务所及其客户展开的马基雅维利式的曲折剧情，《金装律师》越来越火。荧屏上，蕾切尔和迈克的浪漫火花让观众激动不已，特别是第二季末尾的高潮。粉丝们对这对荧屏情侣动了真情。帕特里克回忆道，他之前在新西兰度假时偶遇一位扭到脚踝的瑞典登山背包客，于是过去帮忙，结果那个小伙子完全不顾伤势，只想跟亚当斯讲自己有多么希望迈克和蕾切尔能"修成正果"。

两人在荧屏上的亲密不仅引人遐思，他们会不会重蹈其他共事演员的覆辙呢，就如同伊丽莎白·泰勒与理查德·伯顿、安吉丽娜·朱莉与布拉德·皮特、丹尼尔·克雷格与蕾切尔·薇姿那样。实际上，加拿大小伙子帕特里克之前就爱上过另一位女主角——在2009年的话剧《支吾搪塞》中和他演对手戏的特罗扬·贝利萨里奥。女方的母亲德博拉·普拉特和父亲唐纳德·P.贝利萨里奥都是制片人。两人谈了一年恋爱后就分手了，特罗扬之后拿下了《美少女的谎言》第一季里的角色。就像他在《金装律师》中扮演的迈克·罗斯那样，他设下巧计，想要追回身为娱乐界大佬继承人的前女友。他悄悄在《美少女的谎言》中拿了一个小角色，接着在通读剧本的时候突然出现在前女友面前。他的小心思奏效了，她同意复合，两人于2014年订婚，最终于2016年步入婚姻殿堂。

尽管蕾切尔和迈克之间若即若离的关系营造出了紧张的恋情氛围，但在这部剧的400多万名观众中，有些人为蕾切尔生命中的另一个人所吸引。那个人就是她的父亲，一名供职于对立的事务所，由非裔美国人演员温德尔·皮尔斯扮演的大律师。

随着剧情的展开，我们得知蕾切尔一直在干律师助理，因为她没有通过法学院入学考试（LSAT），这令她成功、富有的父亲非常失望。尽管她扮演的角色跟父亲有些龃龉，但蕾切尔·扎恩真正引发争议的地方在于她的混血身份，非裔美国人和白人观众都觉得很困惑：看起来这么白的女孩子怎么可能有一个黑人父亲呢？有一名粉丝问她是不是收养的，还有人对剧中这位律师助理的血统怀有更大的敌视态度。尽管已经有跨种族的人当选过美国总统，但《金装律师》制片人选择让一名混血女性扮演通常由白人上层阶级女性霸占的角色，这种做法对扭转种族刻板印象和传统审美观还是起到了一点作用。

随着剧集的人气攀升，梅根和同事们被要求利用社交媒体打造粉丝圈，以便拉高评分。尽管她之前从没听说过 Instagram（照片墙），但还是开设了账号，开始上传生活照。维护账号起初是杂活，后来她却乐在其中，成了她不能自拔的日常习惯，账号关闭之前梅根已经积攒了 100 多万粉丝。她的第一张照片发布于 2012 年 5 月 24 日，里面有《金装律师》"突破点"这一集的剧本、一本美国商业杂志《福布斯》，还有自由派电视评论员蕾切尔·马道的第一本书《流变：脱缰的美国军事权力》，主题是总统权力的扩大和国会的式微。梅根在 Instagram 的初次亮相就展现出了一位有脸蛋更有头脑、关注并参与时事的女演员形象。她之后发的照片收敛了锋芒，内容是她喜欢的食物、迷人的自拍、出国旅行的照片和多伦多的市景。这幅私人生活图景也是她精心设计、考虑周全的结果。

她不只是通过 Instagram 的透镜来参与外部世界的事务，2012

年 2 月，梅根还参加了美国电视网举办的反种族主义活动，在探讨社会不公和文化分裂主题的获奖公益节目《联合行动》中出镜。她身穿印着"我不会支持种族歧视"的 T 恤衫，鼓励人们团结起来对抗偏见，同时讲述了白人在她面前开黑人玩笑，说放肆的话，把她当作空气的经历。

片场致力于营造出家庭般的亲密氛围。演职员成了一个富有凝聚力的团体，大家会骑自行车出门，一起聚餐，用一名演员的话说，他们还会玩桌游，喝威士忌，"直到深夜"。演员们还会共度加拿大的感恩节，梅根把自己花 500 美元买的搅拌机贡献了出来，给大家做汤和鸡尾酒喝。正是在一次这样的聚会上，梅根萌生了去一个地方旅行的想法，就此成就了她最珍爱的度假经历之一。与另一位主演加里布埃尔·马赫特闲聊时，马赫特跟她讲，他和妻子特别喜欢开着露营车去度假。听着他兴致勃勃地谈论去新西兰旅游的经历，梅根决定也去一次。她和特雷弗租了一辆露营车，用两周时间环游了新西兰人口稀疏的南岛。夫妻俩攀登冰山，拜访马尔伯罗的各大酒庄，还在海滩小屋租住了几天。

他们在阿卡罗阿的露营点度过了不同凡响的一夜，这座围绕死火山而建的小村庄给她留下了难忘的回忆。她后来接受新西兰广播电台（ZM）的采访时回忆道："我正在洗头发，听见有响动，就拉开浴帘，发现有个 13 岁的小男孩溜进了淋浴间，正准备偷我的内衣。我抓起浴巾，头发上还沾着洗发水就大喊道：'你妈妈在哪里？'我找到了他的父母，两个大人当然也很惊讶。我的天哪，直到今天，那个小子还在家里讲：'那是《金装律师》里面那个女的，我见过她裸体啦！'"当然，他是可以吹牛说自己见到了一位好莱坞明星。尽管发生了偷窥这件事，她还是认为新西兰之行是她人生中最好的旅行之一。

回国后，她跟特雷弗开始讨论增加一位家庭成员的事。她想要一条狗。于是，圣诞节前夕，她和特雷弗来到洛杉矶的一家宠物收养机构，看上了一对6周大的小狗。它们都是拉布拉多混血犬，一条黑色，一条金色。说来也巧，黑色的那一条被编剧戴维·布兰森·史密斯收养，取名为"奥托"，而戴维的母亲正是写过《戴安娜王妃传》和《查尔斯王子传》的萨莉·贝德尔·史密斯；金色的那一条被梅根挑中，取名为"博加特"。她最终下定决心收养这只小狗还要感谢脱口秀主持人兼喜剧演员艾伦·德詹纳瑞斯和她的妻子波希娅·德罗西。就在梅根和小狗交流的时候，艾伦敲了敲观赏区的玻璃，大喊道："就它吧！"梅根回忆道："艾伦要我这么做，我就把它带回家了。"没过多久，可爱的博加特就出现在了她和丈夫的 Instagram 时间线上，从此成了夫妻俩社交媒体账号的常客。

2013年2月，梅根给戴维·布兰森·史密斯发电子邮件说，她和特雷弗一直在想，（博加特）和它的狗"兄弟"还能不能彼此认出来……这个想法有点甜吧。于是两人定下了见面日期，"兄弟俩"最后在马里布海滩重逢了。萨莉·贝德尔·史密斯在伦敦《星期日泰晤士报》上回忆道："奥托从戴维的车里蹿出来，直扑向博加特。它们玩耍打闹了一小时，就像久别重逢的哥俩似的。"梅根将重逢视频拍下来发到了社交网络上，像网红一样惊叹道："我的天哪，太美好了，它们俩体形一般大！"这是哥俩的唯一一次见面,但两年后的 2015 年,博加特有了一个同样来自收容所的小伙伴,一条比格混血犬,梅根给它取名叫"盖伊"。

那个时候,她生命中的另一个"盖伊"*早已远离了她。特雷弗在纽约开了一家办事处,坐飞机只需一小时就能到多伦多了,这既是为了开拓业务,也是为了与梅根和自己的家人离得更近些,但婚姻的裂痕已经开始显露。当初的心头好,如今却成了苦恼。梅根承认自己是完美主义者,对自己挑剔,对别人也有控制欲,多年来一直在忍耐特雷弗不规律的生活方式。他的迟到是出了名的,头发乱糟糟的,衣服皱巴巴的,泡泡纱外套还常有刚洒上的杜松子酒。他赶场开会总是迟到,到了就说一句"不好意思啊兄弟"。

梅根在萨默希尔的房子井井有条,干净整齐。她飞回洛杉矶,走进特雷弗一个人住了几周的家里,看到的场面令她倍加恼怒。尽管特雷弗经常来看她,但他经常感觉自己是一个外人,他在她身边只会让她分心,觉得烦。

梅根当初说不能想象没有特雷弗在身边的生活是什么样,但不管她想不想承认,她已经在构建自己的新生活了。与洛杉矶相比,多伦多越来越像是她真正的家,夫妻关系随之发生了微妙的变化。她现在是独立女性,有稳定的收入,片场内外结交了新的朋友,不用再依靠丈夫的人脉了。

那台 500 美元的搅拌机就是裂痕渐生的象征。它是梅根在西好莱坞的家里最喜欢的厨具,她去多伦多的时候非要把它也带上,

---

* 译者注:原文是 Guy,也有"家伙""人"的意思。

装在轿车后备厢里，然后用卡车把轿车运到加拿大，买一台新搅拌机都没这么折腾。它就放在萨默希尔屋内的厨房台子上，作为一个实物提醒着她：她的家已经不在洛杉矶了。

梅根的星途一路走高，她丈夫的事业却裹足不前。这段时间里，特雷弗担任低成本惊悚片《安珀警报》的制片人，电影讲述了一对真人秀参赛选手目睹一辆车里藏着被绑架的孩子的故事。尽管它有着惊险的情节，但票房成绩并不好，好评也不多。特雷弗暂时没有事情做，《金装律师》正好也在两季拍摄中间的空隙，于是他带着梅根去越南骑行度假。途中，梅根学着女版电视明星兼环球探险家安东尼·波登的样子，点了几样不知名的当地菜肴，结果特雷弗食物中毒了。这对感情可没什么好处，异域曾经见证了他们的爱情，如今却只是凸显了两人的距离。

感受到梅根冷淡的不止他一个人。她的洛杉矶朋友注意到她北上以后的变化。她挤不出时间陪多年老友了。她会临时说约好的午餐去不了了，或者希望别人改时间来适应她上升期艺人的忙碌生活。她很会协调关系，似乎在精心调整生活的方向，结交对自己事业有利的新朋友。她结识的新朋友包括杰西卡·穆罗尼和她的丈夫本。杰西卡是一名有天分的时装设计师，连加拿大总理贾斯汀·特鲁多的夫人苏菲·特鲁多都是她的客户；本则是加拿大前总理布莱恩·穆罗尼的儿子。梅根经常跟穆罗尼夫妇在多伦多新开的 Soho House[*] 见面。随着她社交范围的扩大，她在洛杉矶

---

[*] Soho House 是由尼克·琼斯（Nick Jones）创立的会员制国际高端连锁俱乐部，旗下有酒店、餐厅、SPA、健身房及农场小屋等。

的熟人感觉自己被抛弃了。她的目光或许已经飘上了天，但大家都希望特雷弗能让她脚踏实地。

不知不觉间，夫妻俩渐行渐远。2013年2月，特雷弗去奥斯卡颁奖现场的时候没有带上梅根；要知道，群星璀璨的奥斯卡现场是梅根从小就梦想的地方。特雷弗的哥哥德鲁在自己的Facebook主页上发了一条精练的帖子："我弟弟今晚都能去奥斯卡，那看来流浪汉都能进吧。"梅根似乎在忙着拍戏，没时间陪他去。

几周后的2013年4月8日，梅根去加拿大航空中心球场观看多伦多枫叶队与纽约游骑兵队的冰球比赛，这时她已经完全将寓所当成了自己的家。她不光是看比赛去的，也是去给朋友迈克尔·德佐托、这位小她9岁的游骑兵队守门员加油去的。德佐托打得很卖力，由于对纳齐姆·卡德里高杆犯规，导致比赛暂停了两分钟。

又过了两周，也就是4月21日，梅根在麦迪逊广场花园球场亲眼见证了德佐托和游骑兵队的伙伴们击败了新泽西魔鬼队。摄影师詹姆斯·德瓦尼拍下了她当时的样子：牛仔裤、灰色围巾，穿得很休闲，一个人坐在位子上。梅根在Instagram上发了一系列冰球相关的照片，有一张是德佐托和《金装律师》主演里克·霍夫曼的合影。一年之后，德佐托与色情女演员丽莎·安恋爱的新闻登上了各大头条，丽莎最出名的作品就是戏仿前总统候选人莎拉·佩林。据《多伦多星报》称，丽莎公开谴责德佐托，说他出差的时候成天让她找其他女人跟自己约会。她在Twitter上发了一连串爆料帖。

梅根和德佐托的工作室在《太阳报》明确否认两人有恋情，不过不论两人到底是什么关系，梅根和特雷弗的婚姻已经走到了尽头。2013年夏，离婚的消息突然爆了出来。两人圈子里的人全都感到震惊不已，最震惊的当属特雷弗的父母戴维和莱斯利，两位老人一直把她当女儿看待。

她的婚礼伴娘、儿时好友尼娜基·普利迪对作家丽贝卡·哈代说："我知道他俩有时会吵架，但都不是大事。唯一的阻碍就是距离，她在多伦多，特雷弗在洛杉矶。不过，我本来以为他俩会挺过来的。特雷弗可以去加拿大陪她，远程办公就好。"

特雷弗同样极其惊讶，时过5年，他依然压不住心中的怒火。交谈中提到她的名字时，这位平常嘻嘻哈哈的纽约人就会收起玩世不恭的做派，变得冰冷而愤怒。"我对她没什么好说的。"他对提问者答道。特雷弗的态度从宠爱梅根变成了"感觉自己成了粘在她鞋底的一个脏东西"。（引自他的一位朋友）一位富商朋友声称，两人的婚姻结束得极其突兀，梅根竟然是用挂号信把结婚钻戒和订婚钻戒寄给特雷弗的。另一位朋友确定地说，离婚是梅根自己的决定，而且"完全没有预兆"。

离婚还产生了其他的后果。梅根与珠宝设计师尼娜基·普利迪30年的交情由此破裂。听了特雷弗的一面之词后，她决定与梅根绝交。具体原因我们无从得知，但正如她在《每日邮报》中所说："我现在只能说，我觉得梅根对人、对关系很会算计，太会算计了。她打造圈子非常有策略。一旦她觉得你不是她生活的一部分,她就会很冷淡。她就是这么决绝,没有商谈余地,她作了决定,那就得照办……对特雷弗来说,她的做法就好像是将毯子从他脚底下抽了出去,他受伤了。"

《金装律师》开拍之前,演员艾比·沃森曾与梅根共同出演低成本电影《偶遇》,她对梅根分手有不一样的看法。她在独立电视台的纪录片《哈里王子与梅根:真情、热恋与深爱》中说道:"我们都离过婚,所以有共鸣。我被离婚毁了,她却从中获得了力量。她夺回了自己的力量。那段关系对她不合适,于是她放手了。"

梅根现在无忧无虑、无牵无挂,可以花更多时间探索多伦多市中心了。人们经常能在伊莎贝尔酒吧看到她喝葡萄酒的样子,这家店主打塔帕斯小吃、炭烤章鱼和蒜香烤土豆。她很喜欢当地高端意餐连锁店泰罗尼食品店的意面,以及20世纪50年代起源于魁北克的肉汁奶酪薯条。梅根说,最好的肉汁奶酪薯条入口时会"尖叫"。晚上在家的时候,热衷下厨的梅根会用心爱的搅拌机制作蔬菜汁,或者把小胡瓜加一点水和浓汤宝扔进慢炖锅里,最后变成一坨"恶心又性感的糊糊",配着意面一起吃。

由于对食物的热爱,她登上了《男士健康》杂志。2013年,《男士健康》为自家网站制作了一期访谈视频,问梅根做牛排和汉堡有什么诀窍。她的表现甜美而自然,毫不做作。她说,作为一名加州女孩,她更喜欢吃鱼肉塔可饼,不过要是为"她的男人"做便饭的话,她会烤一块牛排。她还同意拍一个更色情的版本,这个视频在两年后播出,只见梅根梳着丸子头,戴着太阳镜,身穿皮革短裙和夹克衫,谈论自己在《金装律师》中的角色。她解开黑色上衣的扣子，露出了斑点花纹的胸罩。视频的标题博人眼球：《史上最性感烤肉》。如同烤牛排冒出的烟一样，一股说不清道不明的烟雾也笼罩了梅根当时的感受，她的眼神中带着不情愿。她在镜头面前尽力表演，看起来却不太自在，她知道自己正被呈现为一个供男性凝视的物体。她还以为《一掷千金》的日子早已过去了呢。在她看来，这不是一个她想要长期扮演的角色。

《金装律师》拍摄的间歇期，梅根主演了低成本犯罪惊悚片《反社会分子》。电影情节改编自涉及涂鸦帮的真实连环抢劫案，拍摄地点在布达佩斯和伦敦。尽管出钱的制片方希望梅根和另一位主角——比梅根小10岁的格雷戈·萨尔金来几段裸戏，但编剧兼导演雷格·特拉维斯拒绝出卖演员色相。他后来解释道，"情节不需要"。

《金装律师》每一季的播出都会推高梅根的人气和地位。如今，这部剧已经成为全美18—49岁的"黄金年龄段观众"中评价颇高的神剧之一。2013年11月，她应邀参加了于伦敦莱切斯特广场举行的《饥饿游戏2：星火燎原》红毯首映式。两天后，梅根和男模奥利弗·柴夏尔高调主持了环球善举基金会募捐晚宴，募捐所得归伊娃·朗格利亚基金会和考威尔儿童慈善基金会使用。她并不是红毯爱好者，觉得跟其他名流轮流在红毯上走过简直是受罪。她在"现役女演员"博客中写道："我讨厌走红毯，我觉得紧张，坐立不安，不知道该向哪边看。我又成了当年那个害羞的小女孩。真是烦死了。走下红毯的时候，我都要把这种感觉甩掉。听起来夸张，不过我是真的紧张。"她本人从不爱慕名誉。表演只是为了

"盛装打扮，与优秀的人一起工作"，借此"过上好日子"。

尽管如此，在伦敦期间，热衷于搞关系的梅根还是与媒体就《金装律师》第二季的最后 6 集进行了对话，希望能提升公众形象。《周日邮报》的记者凯蒂·欣德答应在 11 月的寒夜跟梅根见面时，她并没有抱太高的期望，以为梅根只不过是另一个想上报纸的上升期女演员罢了。根据她之前读过的内容，梅根原本有志从政，后来进了美国驻阿根廷布宜诺斯艾利斯大使馆工作，在一次假期中喜欢上了演戏。

两人约在卡马桑顿 Soho 酒店的顶层酒吧喝普罗塞克起泡酒，后来话题转向了男人——用欣德的话说，"她对英国男人，有地位的那种，特别感兴趣"。出乎记者的意料，梅根掏出苹果手机，给她看了一张自己 Twitter 收到的俊男照片："你认识这个人吗？阿什利·科尔。他关注我了，在 Twitter 上一直想跟我说话。"

凯蒂保持着冷静，答道："算是认识吧。"梅根接着急迫地说道："他想趁我还在伦敦约我出去。你觉得呢？你认识他吗？"

记者当然知道他，他是英格兰足球国家队和切尔西俱乐部球员、高歌女孩（Girls Aloud）乐队歌手谢里尔·科尔的丈夫。她也知道他的风评，他出轨过好几次，转手就把自己的风流韵事卖给了小报。凯蒂把坏消息告诉梅根的时候，这位演员似乎有点泄气，她可能本来期待伦敦之行会开启一段新恋情吧。"谢谢你。"梅根对这位《周日邮报》的记者说，然后又补了一句，"有些朋友也让我离他远一点。那就算了吧。"

之后的 3 小时里，梅根继续一边喝意大利产的起泡酒，一边和同龄人凯蒂（两人都是32岁）讨论当代女性谈恋爱，找到好男人有多难。梅根承认自己刚因为判决书上所写的"无可协调的差异"而离婚，现在重归单身，想再找个对象。

谈话在微醺中渐渐结束，两人临走时抱了抱，凯蒂还祝愿梅根好运。"她才用不着好运呢。"记者目送她离开时揶揄道。当时在下雨，梅根打不到车，于是说服卡马桑顿的老板开车送她回到不远处的迪恩街联排别墅酒店。

第七章

顿悟时分

第七章 顿悟时分

从"吃了好多碳水"的假期回来之后,梅根感觉身材有些臃肿,黑色皮裤也有些紧了。和《金装律师》的剧组成员一同坐在帕萨迪纳的五星级朗廷酒店高台上时,她有些烦躁。这是筹备已久的电视评论家协会的一月大会,她望着眼前的无数电视评论家,她很高兴提问基本都被同事们接住了。目前为止,她只是一言不发地看着周围人的问答。这时,话题转到了《金装律师》播出时间从晚上10点提前到9点的事情上。"脏话会不会受到影响啊?"一位评论家问道,暗指这部剧脏话满天飞。

梅根一下来了精神,接过话头,看向主创兼行政制片人亚伦·科尔什,用戏谑的方式重述了一遍问题:"改成9点播对我们有影响吗——不让说胡扯,去你的,这一类的?"科尔什答道:"胡扯,影响个屁!"观众哄堂大笑。这就是梅根的经典形象:平易近人又有点淘气的邻家女孩,是男生喜欢的那种女生。她一说话就能赢得大家的喜欢。但是,她想要的不只是这些。她想要展翅翱翔。她有话要说,有观点要发表,目标不只围绕《金装律师》剧集的程式化问答。她是一位游历广泛的年轻女性,欣赏和理解不同的地域、料理和文化。从中东政局到化妆,她都可以谈。她感觉,自己在《金装律师》中的角色只是进一步追求的踏板。她知道自己还没有发掘出全部的潜力。但是,为了充分发掘潜力,她还需要积攒影响力。

就拿不久前的伦敦之行来说，只有《每日邮报》一家作了简短报道，再就是免费的晨报《都市报》刊载了一张照片。参演《金装律师》以来，她上过无数次红地毯，但起初的兴奋如今已经平息了下来。她依然只是人群中的一张漂亮脸蛋罢了。

梅根意识到，她必须加把劲，提高自己的知名度。自《金装律师》走红以来，她发现自己的年轻观众会倾听自己的发声，特别是十几岁的女生。她的 Instagram 账号粉丝数呈指数式增长，但是，静态的生活照、美食照和狗狗照并不能向广大的世界传递自己的思想。她对各种话题都有真知灼见，她只需要一个表达的载体。

几天后的 2014 年 1 月 22 日，她参加了 Elle 杂志主办的年度女性电视人物庆典，这是她自《金装律师》开播以来第三次出席该活动。梅根有一种到家的感觉。置身于众多富有创造力和启发力的女性中间，她感觉很激动，她见到了以烹饪和乐享生活出名的吉娅达·德·劳伦蒂斯，以及荣获多次大奖、与梅根一样是混血儿的演员翠西·艾利丝·罗斯。与梅根不同，罗斯出身好莱坞名家。她的母亲是戴安娜·罗斯，父亲是音乐总监和企业高管罗伯特·艾利丝·希尔博斯坦。

罗斯做过一阵子模特，当过蒂埃里·穆勒品牌的走秀模特，当过《米拉贝拉》和《纽约》两本杂志的编辑和撰稿人，还是情景喜剧《女朋友》的主演，并凭借该剧斩获多项美国全国有色人种协进会颁发的奖项。她在新喜剧片《喜新不厌旧》中饰演一名家里有 4 个孩子的医生，赢得了广泛好评。通过与罗斯和其他成功女性近距离接触、聆听她们的励志故事，梅根心中激起了再接再厉的雄心。问题在于：该往哪个方向走？

答案来得曲折而出乎意料。2014 年 2 月，卫星电视公司 DirecTV 在超级碗决赛前一天举办了一场赛前派对，并进行了电视转播。这场名人旗帜橄榄球赛的名字叫"DirecTV 名人沙滩碗派对"，地点是下曼哈顿哈得孙河畔 40 号码头的一个有暖气的大帐篷，大家都热情高涨。为此，主办方建造了全世界最大的室内沙滩，用卡车运来 450 多吨新挖的沙子。

活动请到了帕拉摩尔乐队来活跃气氛，中场休息时还有美食电视网名嘴安德鲁·齐默恩做现场直播。梅根向来是运动健将，与之前在《一掷千金》共事过的模特克里斯·泰根、前四分卫乔·蒙塔纳、喜剧演员翠西·摩根和汤姆·阿诺德、明星厨师盖伊·盖菲里等名流组队参赛并取得了胜利。

节目结束后，她有了一个比胜利更大的收获——一个影响力巨大的新朋友——网球传奇女将塞琳娜·威廉姆斯。当时，威廉姆斯手握 17 项国内外锦标赛单打冠军，双打冠军的数量也不少。更重要的是，她成功将 15 年的运动生涯变现，创办时尚品牌，甚至参演过几部影视作品。"我们一拍即合，拍了合影，一起参加旗帜橄榄球比赛，从头乐到尾。我们不光聊网球和表演，还有各种传统的女性话题。"梅根后来写道，"我们就这样成了朋友。"

塞琳娜还有一点给梅根留下了深刻印象：她运用网络平台保持热度和吸引粉丝。她有自己的网络服装商城，有 Instagram、

Snapchat（色拉布）和 Reddit（红迪网）账号，还有定期信息推送，这些渠道都整合在她的个人网站 serenawilliams.com 里面。

真是醍醐灌顶。梅根考虑个人网站的事情已经有一段时间了，现在看到塞琳娜这样成功的大忙人也能管好网站，她就产生了效仿的信心。同时，一家电子商务公司找到她，提出要给她建一个现代前卫的网站，将她的名字作为网站的门面和核心，这更坚定了她的想法。她开始心动了。"网址是你的名字，meghanmarkle.com，我们可以替你运营。"公司这样对她说。本质上，这就是靠她的名气引流。尽管网站会有一部分创作内容，但目标还是卖衣服，梅根能拿到一定比例的分成。梅根考虑了对方的提议，但没急着同意而是缓下来仔细思考。提议听起来挺诱人的，但她越想越觉得不对味。"我还有很多东西想要分享。"她对朋友们解释道。梅根想要一个能够展现深层次的自我，发出自己声音的地方，如果有电子商务元素的话，那也一定要蕴含思想，符合伦理，而不是推销快时尚和潮流商品。她想要强调回馈的重要性。她以前在高尔夫球友罗里·麦基尔罗伊的曼哈顿寓所屋顶参加了冰桶挑战，并将结果发到了 Instagram 上。尽管冰桶挑战确实为一项公益事业募集了资金来研究运动神经元症，但这远远不够。

她只能把网站的想法暂时放在了一边。趁着《金装律师》拍摄期的间隙，她飞往加拿大西部的温哥华参演贺曼国际电影台的电影《爱在烟花绽放时》。梅根饰演性格坚毅的记者艾米，她被派回老家写一篇富有人情味的故事，讲述烟花厂老板女儿的成长经历。她的前男友即将与她高中时最好的朋友结婚，这时，艾米才突然意识到大城市的生活或许根本不适合她。尽管城里确实机会很多,不过仅此而已。该片讲的是一次艰难的返乡之旅,而梅根的下一站行程恰恰相反:重返母校西北大学。

如果她需要证据证明自己在《金装律师》剧外同样有受众喜爱的话,那么她只需要看一看瑞安大礼堂里排成蛇形的人群就够了,600名学生拥了进来,只为一睹梅根和《金装律师》其他演员的风采,真是一座难求。

传播学大一新生尼基塔·库尔卡尼为这次活动等了整整5个小时,激动得连气都喘不上来:"我第一次听人说的时候还以为是假消息。梅根真的来了,我好激动啊!"

西北大学学生的关注让梅根来了兴致,她比较了自己和观众共有的大学生活,还讨论了剧中角色的心路历程。她带领着崇拜自己的观众走进了她的剧中角色——蕾切尔·扎恩的内心世界:"她是一个层次丰富的、人性化的角色。尽管她看起来自信满满,但其实同样有种种脆弱和不安全感。作为一名女性,我与她是有共鸣的。我想粉丝们也是吧。"

交流结束后,她又是拍照,又是给海报签字,之后还与另一位主角,饰演路易斯·利特的里克·霍夫曼为西北大学马拉松舞会拍了一段宣传视频。大一的时候,梅根就参加过这个慈善活动。

西北大学是《金装律师》7站高校行的第四站,此外还有加州大学伯克利分校和洛杉矶分校、亚利桑那大学、波士顿大学、哈佛大学和哥伦比亚大学。高校行由美国电视网和制片人赞助,举行了冬季季中试映活动,以回馈热情的大学生观众群体。

回家之后，网站的事情再次提上日程。梅根联系了自己的朋友——摄影师杰克·罗森堡。罗森堡毕业于安大略艺术与设计学院，获得工业设计学位，毕业6个月后就开办了Coveteur网站。他不仅热爱摄影，对品牌打造和设计也很有热情。2011年的一次拍摄期间，他和同行的造型设计师——20多岁的史蒂芬妮·马克共同创办了一个网站，专门登载美丽衣橱的照片和介绍拍摄对象住宅的短文。"看一看潮人的家里和衣橱到底是什么样的，我们觉得应该挺有意思的。"马克对《福布斯》撰稿人苏珊·普莱斯说道。两人拍了6组照片，然后发到了新网站上，服务器立即因为访问量过大而崩溃。他们马上意识到自己发现了一个既有趣又能赚钱的事业。

"我们回来就跟网友们讲自己看到的东西，我们碰到的那个人去哪里买东西，大家都在谈论哪些餐厅和酒吧，"马克说道，"我们发现，这些内容我们全都有。"他们扩大了网站的涉猎范围，并于2013年重新设计了网站，留出广告和软文[*]的空间。罗森堡听梅根讲了自己对网站的想法。伴着塔帕斯和葡萄酒，两人讨论了她对网站怀有的愿景。主题内容是内行人带你旅游、美食、时尚、美妆指南，辅以探讨女性话题的严肃社论。一大勺格威妮丝·帕尔特罗的博客顾普（GOOP，格威妮丝创立的分享个人生活方式的品牌）风味，一小勺《嘉人》杂志调料，再加上梅根个人风格与视角的调味，这锅汤基本就成了。

---

[*] 译者注：软文就是广告和评论文章的结合体。

愿景既然有了,梅根便回绝了之前那家公司提出的"梅根·马克尔"电商网站的建议,决定走自己的路。她先聘请了一位网站设计师,结果等梅根把成果拿给罗森堡看的时候,目光老辣的他马上发现有问题。

"我求求你不要这么干,还是用我们 Coveteur 的平面设计师吧。"他对自己的朋友说道。最后的结果就是诞生了 thetig.com,梅根优美的手写文字占据首页的醒目位置,标题里字母 i 顶上的小点形似一滴红酒。网站得名自意大利天娜红葡萄酒(Tignanello)的前 3 个字母。这款酒以桑娇维塞葡萄为主酿造,是第一款不含白葡萄的基安蒂葡萄酒,酿造师的目标是打造一款能在红酒的红海市场中脱颖而出的产品。梅根喜欢这个想法:脱颖而出。

对梅根来说,天娜还有更深的含义。它代表梅根品酒的顿悟时刻,在那一刻,她终于明白了一款好酒的组成部分:余味悠长、丰富、还挂杯。她希望将发现新大陆的激动之情融入网站,于是写道:"The Tig 是懂鉴赏,有品位,热爱美食、旅行、时尚和美的人相聚的地方。我希望营造一处分享优雅生活方式和爱好的地方,也欢迎朋友们来分享自己的看法,孕育灵感,迸发激情。"The Tig 轻巧活泼、妙趣横生,对欣赏她别致风格和高雅形象的粉丝富有吸引力。与此同时,她还希望用 The Tig 来表达自己对更严肃话题的思考,特别是女性相关的社会政治议题。

志存高远的邻家女孩梅根为像自己一样的优雅女性建立了一个共同做事的据点。在杰克·罗森堡、时装设计师韦斯·戈登,还有亚克力材质包包品牌伊迪·帕克的设计师布莱特·海曼(他为梅根推出了一款印有"Ms Tig"字样的女式树脂手提包）的帮助下，舞台已经搭好了。最后，她还采纳了《金装律师》的另一位主演吉娜·托雷斯的建议：用她流传多年的绰号 Nutmeg[*]作为自己的笔名。"接下来，等着奇迹发生吧"。

拍摄工作再次开始后，梅根就忙了起来，没有多少时间等待奇迹。她凌晨 4 点 15 分就要起床，早餐就是一杯挤入新鲜柠檬汁的热水，加上一碗配有切片香蕉和龙舌兰蔬菜的麦片粥。接着，她会把宠物狗放到后院里，再开着租来的奥迪 SUV 去片场。片场像迷宫似的，一丝不苟地复制出了律师事务所的样子，甚至包括秘书桌上的粉色便笺本和钢笔，还有可以旋转的玻璃墙，这样一来，摄像机不管从哪个角度拍都不会有炫光。片场背景是纽约的天际线。拍摄地点是多伦多，同时采用摄自曼哈顿的辅助镜头以营造场地感。早上化好妆之后要换衣服，换衣服时要"屏住呼吸"，尽可能贴紧，显出苗条身段，然后梅根就会在自己的活动工作室里等待，直到自己上场。

The Tig "出生"之后，梅根对其悉心照料，这是一份全职工作，她要刷 Instagram 了解潮流、时事和趣闻，直到后半夜才能睡下；网站上的小文章全是她自己写的，同时，她还要发动大家去约名人来回答 Tig Talk 栏目的 5 个基本问题。演员兼歌手艾米·罗苏姆对基本问题之一"如果身上只剩下 10 美元，你会怎么做"的回答是：街头卖唱赚钱，就这样把网站带火了。时尚界

---

[*] 译者注：Nutmeg 与梅根的名字 Meghan 相近，本义是香料肉豆蔻。

大佬乔·兹和模特杰西卡·斯塔姆同样贡献了自己的想法。梅根还拉来室内设计师娜塔莎·巴拉达兰，谈谈她最喜欢的城市米兰。她知道名人不仅能引来流量，还能吸引其他名人参与。由模特转行经商的海蒂·克鲁姆是梅根最早想要邀请的 Tig Talk 嘉宾之一。她联系了每一个自己认识的人，希望能拿到克鲁姆或者她的助理的电话号码或邮箱地址，最后海蒂给出了肯定回复。"女王陛下"也回复了梅根的邀请，她告诉梅根，只要配上一大口伏特加，什么菜都好吃。当然，这里说的"女王陛下"是电视剧里的女王——演员伊丽莎白·赫尔利。在 E! 频道制作的讽刺温莎皇室的电视剧《皇室》中，伊丽莎白饰演阴险狡诈，偶尔还很残忍的海伦娜女王。

网站介绍了旅游好去处、有趣的餐厅和创意菜厨师，其中最后一项还为她带来了一段新恋情。多年来，她一直都是多伦多市中心一家自 2007 年就开始营业的小餐厅哈博德餐厅的常客。餐厅负责人是相貌英俊，自称"全多伦多汉堡第一人"的明星大厨科利·维蒂耶洛。

过去 7 年里，维蒂耶洛在厨房内外都打出了品牌。他的著名情人有加拿大富豪女继承人兼前政客贝琳达·施特罗纳克，有《e 对话》(*eTalk*) 脱口秀节目主播谭雅·吉姆，之后还有加拿大电视八卦记者玛丽·基钦。现在有了 The Tig 这个平台，梅根有了进一步了解他的渠道，而且是进了一大步。对梅根来说，生活看起来很美好，但事情很快就要向不好的方向发展了。

一天晚上，梅根蜷着身子，端着一杯葡萄酒在浏览网页，为 The Tig 发掘素材。她采用的方法是查看其他生活方式类的博客和新闻网站，顺着参考链接找灵感，然后去 Instagram 里面试着搜索标签，希望能碰上可写的东西。不过，她最先要看的是《金装律师》的 Facebook、Twitter、Reddit 和美国电视网官网页面。最新一集的情节以蕾切尔·扎恩为核心人物，当晚在美国播出。她很好奇人们对她扮演的角色和前男友暧昧会是什么反应。梅根又喝了一小口红酒，结果翻看评论时差点呛到。"取关！你怎么能背叛迈克！""婊子！"……等到该集跨越时区，全美观众都看到的时候，评论越发不堪入目。梅根删掉了个人页面和 Twitter 时间线上最恶劣的评论，拉黑了粉丝。

粉丝们气的不只是她扮演的角色蕾切尔·扎恩和前男友洛根·桑德斯（饰演者是布伦丹·海因斯），他们气的是梅根·马克尔。他们相信演员要为这段情节负责，而不是写了这段戏的编剧。归根结底，故事是编出来的，正当她琢磨粉丝们为什么会对一个故事动情这么深的时候，评论里的愤怒气焰越来越高。现在，她已经收到了死亡威胁："梅根·马克尔，我要杀了你这个荡妇。"正如她后来对《迈阿密生活》杂志的撰稿人瓦尼萨·帕斯卡所说的，情况已经失控了。

第二天早晨，她去找《金装律师》的主创亚伦·科尔什。"不能再这样了。"她告诉他，必须把情况控制住。制片人和编剧对她向来不错，将她本人的性格特点融入了蕾切尔这个角色。梅根喜欢下厨，蕾切尔就是美食爱好者；梅根出身混血家庭，蕾切尔也是混血。这一次，两者之间的界限发生了模糊，而且是让人不舒服的那种，粉丝们分不清真实的梅根和虚假的蕾切尔了。另外，梅根也不是那种女孩。之后的情节是她一面冷淡迈克，一面更加积极地勾引前男友。梅根觉得有些不对劲，原因还不只是这段情节预示着她可能会退场，再说她当时还没有作好离场的准备。她后来对《迈阿密生活》杂志说，她与剧集主创亚伦·科尔什谈了自己对蕾切尔走向变化的担忧。

"我喜欢蕾切尔，我喜欢扮演蕾切尔，我喜欢她代表的东西。这样的情节不符合她的人设。"她诚恳地说。对主创说她不喜欢自己扮演角色的当前剧情走向，这是一着险棋。但是，她感觉为了粉丝，也为了自己，她有必要把话说明白。另外，网上的刻薄言论和暴力威胁把她吓坏了。

资深的剪辑师安杰拉·卡坦扎罗她赞同梅根的观点，她对科尔什说："我超喜欢蕾切尔，可你要是把那一段放出去，我再也不会喜欢她了。我可不希望自己的老公跟这种女人做同事。"

科尔什觉得她们说的话有道理，下一集里就修补了迈克·罗斯和蕾切尔·扎恩的恋情，让两人回到原来的轨道。恐慌暂时结束了。

✦

梅根难以置信地盯着手机：粉丝们的邮件挤满了收件箱，她几乎连看标题的时间都没有。她的网站 The Tig 比她想象中还要火。起初，每一封邮件都会直接发到她的手机上。正当她浏览不断变长的邮件列表时，一个发件人映入了眼帘：联合国。没准只是募捐邮件，不过看看又何妨？梅根点开邮件，越往下读越觉得惊奇。联合国邀请她参加新推出的性别平等呼吁活动 HeForShe。梅根拨打邮件中给出的电话时，联合国妇女署的联系人解释，他们读了她在 The Tig 上发表的关于女性独立的文章，那篇文章正好是美国独立日那天发的。文章的开头写道："今天，为你自己举杯——祝我们能享有自由的权利，祝那些为自由而奋斗的女性（和男性）富有力量，祝你能认识自己、接纳自己、尊重自己、自主学习和爱自己。今后，你要庆祝自己的独立。"接着，她又介绍了尼日利亚作家奇马曼达·南戈齐·阿迪奇的思想。

她对联合国的邀请感到荣幸，但她还是希望先了解这个项目的情况，而不是盲目应承下来。"我有一周的假期，不知能否去纽约联合国总部做实习生呢？"她问道。几周之后，联合国工作人员惊讶地发现，梅根来到了人流涌动的纽约总部大楼。事实上，她干的活儿可不只是端咖啡。她一出场，联合国 HeForShe 运动负责人、鼓励男性支持女性追求性别平等的伊丽莎白·妮亚马亚罗，以及联合国妇女署执行主任姆齐莱·姆兰博-恩格库卡都黯然失色。她还旁听了世界银行、克林顿基金会乃至时任联合国秘书长潘基文作战室的会议。

在 HeForShe 的启动仪式上，《哈利·波特》系列的主演、联合国亲善大使艾玛·沃森发表了一篇动人的演讲，呼吁男性和女性共同加入 HeForShe 的事业中来。当时，梅根就在前排。沃森指出，按照现在的发展速度，男女同工同酬还要 75 年才能实现，非洲农村直到 2086 年才能实现女童中学教育全覆盖。

仪式上，她在看到芬兰前总统塔娅·哈洛宁和一位联合国职员交流时经历了自己的"Tig"时刻。"总统女士，请问您需要什么？"职员问道，"要水还是要笔？"哈洛宁微笑着答道："来一支口红吧。"

梅根对此产生了共鸣。她并不觉得治理国家和涂口红有什么矛盾——女权和女性气质可以并行不悖。正如她后来所写："上班挣面包钱，回家给娃烤面包。"

当时，唐纳德·特朗普还没有竞逐总统，而梅根的一位女性偶像正是拥有自主珠宝服装品牌的伊万卡·特朗普。伊万卡同意填写 Tig Talk 的简单问卷时，梅根激动不已。更令梅根激动的是，她说自己下次去纽约的时候想请伊万卡吃饭，伊万卡同意了。

梅根在 The Tig 上激动地写道："我用不着别人来介绍她的珠宝系列，我早就在网上看过了，拿着一杯酒，躺在床上，用渴望的眼神看着这些设计精美绝伦的样式。鞋靴、家居、服装，还有儿童衍生产品线；有儿童产品也很自然，因为她自己就是一名骄傲的母亲……下次跟她喝酒的时候，她点什么，我就点什么——因为这个女人似乎拥有成功（和幸福）的秘方。"

随着伊万卡·特朗普等名人的加入，她在网站上的昵称"梦想小车头"已经笼罩在蒸汽中上路了。*Elle* 和 *InStyle* 两份杂志都将 The Tig 列入"最佳网站榜单"名单，她完全有理由感到骄傲。

不过，她还需要有人翻动锅炉里的煤。为了增加流量，她在 The Tig 发的每一个帖子都要转发到 Instagram、Pinterest（拼趣）和 Facebook 上，幸好有手机软件能帮她做到这一点。不仅如此，她还有一个帮手朱迪·米波斯。米波斯时任 *InStyle* 杂志科技版副主编，自从她写了一篇推介梅根和 The Tig 的绝妙文章之后，梅根就在网上给她抛来了橄榄枝。2014 年 10 月，梅根决定聘用她。

米波斯不仅负责打理社交媒体，按照她自己的说法，她"撰写和编辑每天的帖子，联系合作方，同时还是营销编辑，管理推文和上电视的事情"。The Tig 网站和梅根的 Instagram 账号一炮走红，这意味着仅仅 6 个月，"小车头"依靠线上商城就能维持自身运转了。她效法杰克·罗森堡和 Coveteur 网站的做法，与电子商务网站 rewardStyle 达成了合作。网站定位写得相当晦涩，"邀请制点对点内容变现平台，服务全球顶级数字时尚界大咖与品牌"。简单来说，就是巧妙地帮助端位博客用户赚钱。

rewardStyle 创建于 2011 年，创始人是安珀·文兹和她的丈夫巴克斯特·鲍克斯，最初的目的是把安珀的时尚博客变现。他们的模式一度成功得像做梦一样，可以让博主在文章里插入直通网购站点和品牌商城的链接。如果读者在链接内下单，博主就能拿到分成。

梅根将 The Tig 交给能人米波斯打理，自己则乘上了飞往都柏林的班机，参加世界青年领袖峰会。两年一度的峰会是两名广告业高管戴维·琼斯和凯特·罗伯逊想出来的点子，目标是"会聚、赋能世界各地最优秀的青年领袖，建立持久联系，推动积极变化"。组织者凯特·罗伯逊觉得梅根是有话要说的人,而且很受学生年龄的受众欢迎。她不仅会与青年人探讨全球性议题,还能与慈善大佬们近距离接触,比如爱尔兰首位女总统玛丽·罗宾逊、鲍勃·戈尔多夫爵士和诺贝尔和平奖得主科菲·安南。梅根要在性别平等分论坛发言,场上有一票重磅嘉宾,包括律师萨宾·查默斯、通用电气高级副总裁贝丝·康斯托克、美妆先驱博主潘蜜雪、电影导演玛雅·桑巴尔等。一开始,主持人罗宾逊还担心梅根能不能应付问答形式的论坛。但随着发言的进行,梅根的口才让她又惊又喜。罗宾逊说:"现在上台来谈性别平等的人不是一个平庸的女演员,而是一个真实的人——坦率、自信,完全不是名人的样子。"她对人权和性别议题的深刻理解,还有她的亲切、平易近人给听众留下了深刻印象。人权律师帕伊沃谷莱·诺盖瓦扎对《人物》杂志说:"她非常温柔友好,热情又迷人。我感觉自己不是在跟一个大热电视剧里的明星交谈,而是跟普通女孩讲话一样。她对问题的了解很细致,这很了不起。她很谦虚,确实接地气。"

另外,她还擅长将名人的热度和人道主义事业结合起来。12月初,她和厨师男友科利·维蒂耶洛飞往迈阿密,参加瑞士巴塞尔艺术展在当地的分展。迈阿密分展创始于 2002 年,每年举办一次,每年访客数目达 7.7 万人。会场恰好就在她常去的海滨 Soho House,改建前是一座建在沙滩上的老牌酒店。

梅根很兴奋,尽管她更喜欢时装、美食和美酒,对艺术并不是很感兴趣,但对于这次拓展自己的圈子以及和嘉宾交往的机会,她还是珍惜的。她努力克制自己,不要傻盯着从身边经过的说唱大佬罗素·西蒙斯和演员兼活动家罗萨里奥·道森，也不要在戈尔迪·霍恩的女儿凯特·哈德森从天台上给朋友打招呼时表现得太眼红。她感觉自己终于做到了。她之前拼命工作，如今来到了顶级艺术展，个人博客也是全网热度最高的博客之一。迈阿密艺术周，至少在海滨 Soho House 这里，是她的主场。

Soho House 会员部负责人马库斯·安德森是她的好朋友。他穿着人字拖和短裤，一副随意的样子，到处溜达打招呼，给大家介绍接下来几天的舞会、鸡尾酒会和高档美容活动。梅根和科利的房间里提前放好了一个孟买蓝宝石金酒礼品篮，还有选择丰富的饮品台。在嘉宾帐篷里，热带主题的琴酒、鸡尾酒应有尽有，还有起泡葡萄酒和香槟酒……

马库斯·安德森很会安排活动和牵线。他有一种本能，能够将他觉得合得来的陌生人凑到一起。午餐的时候，他把梅根安排在出生于巴林的时装设计师米沙·努努旁边。米沙那时还是一名新人设计师，比起她特立独行的设计作品，她与艺术品经销商——威廉王子和哈里王子的共同好友——亚历山大·吉尔克斯的婚姻要有名得多。梅根和米沙一见如故，从中午的酒会到晚上的鸡尾酒会，两人都在一起。她们下午聊到了米沙即将于纽约时装周亮相的新作品，当时梅根正好在《金装律师》剧组的拍摄空当，答应会去捧场。

几小时后，梅根又坐上飞机，这一次的目的地是西班牙，五国旋风之旅中的一站。她不准备住豪华酒店，也不去高档鸡尾酒吧。这次活动是美国联合服务组织办的，目标是访问西班牙、意大利、土耳其、阿富汗、英国的美国海外军事基地。同行者有参加过 8 次联合劳军组织巡回慰问活动的乡村歌手凯利·皮克勒尔及其作曲人丈夫凯尔·雅各布、喜剧演员罗珀·里格尔、《欢乐合唱团》主演戴安娜·阿格龙、前芝加哥熊队后卫布莱恩·厄拉赫、华盛顿国民队投手道格·菲斯特、参谋长联席会议主席马丁·E. 邓普西上将及其妻子狄安妮。

12 月 5 日，一行人与美国联合劳军组织主席 J.D. 克劳奇及其妻子克里斯汀在马里兰州安德鲁斯联合基地旅客航站楼会面。面对各路名人，狄安妮·邓普西说道："抓住这次机会吧。你们会对现役军人及其家属感到骄傲的。"梅根很激动，又有点担心。她不仅会搭乘专门为这次活动调来的空军二号，还要与数千名现役军人及其家属见面。尽管她以前参加过粉丝见面会，但活动的规模和强度跟这一次无法相比。

抵达西班牙罗塔海军基地后，梅根和慰问团的其他成员参观了宙斯盾导弹驱逐舰"罗斯"号，接着在机库中为 2 000 名军人及其家属举行了慰问演出。表演规定节目之前，头戴蓝色安全帽的梅根先与官兵合了影。她知道自己和凯利·皮克勒尔、戴安娜·阿格龙正追随玛丽莲·梦露、鲍勃·霍普和杰恩·曼斯菲尔德的脚步，践行历史悠久的劳军传统，为官兵带来一丝家的甜蜜感觉，并提醒他们参军的意义。现在的情况和过去大不相同了。基地里有女兵，也有女性家属，因此奶酪蛋糕让位给了娱乐节目。在舞台上，她的节目是发表一段关于《金装律师》的随性演讲，然后向观众展示高达 5 英寸（约 13 厘米）的高跟鞋，在皮克勒尔乐队的伴奏下演唱招牌歌曲《红色高跟鞋》。

联合劳军组织慰问团在意大利维琴察为第 173 空降战斗旅和非洲战区陆军重复了上述活动，接着又去了土耳其因吉尔利克空军基地。尽管因吉尔利克基地与激战中的邻国叙利亚隔着上百千米远，但这里的气氛更紧张，安全措施也更严密。几百名士兵聚在一起观看皮克勒尔和雅各布演唱的乡村音乐金曲和慰问团的各种喜剧节目时，梅根带着笑脸给观众发纸杯蛋糕吃，努力多说点除了"谢谢你们"以外的话。

次日上午，慰问团成员及其"保镖"来到停机坪上，准备前往此次旅行最具挑战性的一站——阿富汗巴格兰机场。那是一处极为偏僻的据点，驻有军人及其他执勤人员共计 4 万人。"巴格兰机场有大小官员、后勤人员，还有几千名国际安全援助部队的建筑工人，"英国摄影师艾德蒙·克拉克说道，"除非是外出巡逻，全部生活都在基地里面。"

巴格兰机场周边围着铁丝网和栏杆，堆着沙袋，还配备了透地雷达，以免地方武装分子挖地道进入联合基地，环境相对安全，只是偶尔会有塔利班发射的火箭弹落入墙内。

上台之前，梅根及同行艺人与基地执勤人员共进节日大餐。用餐期间，梅根扭过身子，背对观众，跟身穿军装的士兵们来了张自拍，接着开始了自己的励志演说："我从来不想成为一名做饭的主妇，我一直想成为一名职场女性……"

第七章 顿悟时分

发完纸杯蛋糕之后，梅根和慰问团成员又来到了停着C-130运输机和喷气式战斗机的室外，与执勤人员站在通电高墙前方合影留念。镜头前，明星们摆出了职业的微笑，官兵们却挤不出笑容。与只来两天的明星不同，士兵们还有几个月令人头脑麻木的无聊生活要熬过去，中间偶尔会有几次翘首期盼的狂欢，真是酸楚。

最后一站是英国剑桥，大家可以放松解压了。最后一场演出之前，空军基地的工作人员带着联合劳军组织慰问团参观了武器装备，包括F-15E"攻击鹰"战斗机和CV-22"鱼鹰"倾转旋翼机。梅根抽出时间和随军家属聊天，尤其关注孩子们。当晚，邓普西夫妇在剑桥的锚酒吧为慰问团的艺人们举行了答谢晚会，艺人们也对邓普西夫妇和联合劳军组织提供的劳军殊荣表示了感谢。晚会结束前，参谋长联席会议主席给大家唱了一首小曲。有人打趣道："要是将军能在巴格兰唱就好了！"

这是梅根第一次也是唯一一次参加联合服务组织的巡回慰问活动。她在Instagram的一篇帖子里表达了自己的感受，那是一张慰问演出期间的照片，下面配了一行真挚的文字："感谢我们的官兵，感恩我能拥有这样的机会，亲自向他们的奉献与牺牲表达谢意。我深感荣幸，也深感幸运，无比幸运。"

第八章

看见事物的两面

第八章 看见事物的两面

护照,拿上了。常用药包,拿上了。强效驱蚊剂,拿上了。一包长袖轻便衣物,拿上了。甲肝疫苗、乙肝疫苗、伤寒疫苗、狂犬病疫苗、破伤风疫苗,都打过了,没过期。梅根正要踏上一段艰苦的考察之旅,开始自己第一次代表联合国执行的调查任务。她的目的地是位于非洲腹地的卢旺达,尽管这次旅行主要是考察性别平等问题,但这也是联合国官员考验这位《金装律师》演员的一次机会,看她是否有意愿担任、能否胜任联合国亲善大使。一名联合国官员指出,梅根在支持性别平等的活动中尚处于非正式合作的阶段。

2015年1月初,梅根抵达卢旺达首都基加利后,第一件事就是会见该国女性国会议员。在近一周的时间里,梅根有许多会议要参加,包括探讨女性在该国民主制度下的地位以及卢旺达发展面临的挑战等议题。有一个观点被反复提及:只有当女性在家庭、学校和职场都受到平等对待,她们才能过上丰富的、有意义的生活,才能回馈社会。高层岗位的女性比例偏低这一现象不是发展中国家特有的问题,而是全世界的问题。梅根对此一向心存忧虑。联合国正在庆祝卢旺达成为全世界第一个,也是当时唯一一个女性国会议员多于男性的国家,女议员比例接近三分之二。

梅根对卢旺达总统保罗·卡加梅表示了称赞,认为这是向前迈进了一大步。"我们需要更多这样的男性。"她说。

尽管卡加梅不无批评者，但对于一个20年前发生过骇人听闻的种族屠杀的国家来说，卢旺达如今的变化不可谓不惊人。屠杀的数字令人震惊：约100万人被砍刀残忍杀害，200万人流落难民营。梅根也看到了卢旺达的另一面。与联合国考察组一道，她搭乘小客车来到基罕贝（Gihembe）难民营，营地位于草木茂盛的山坡上，破破烂烂的小屋子里面住着1.7万多名从战乱频仍的邻国刚果民主共和国逃过来的难民。她想与普通女性对话，了解她们是如何应对这种本来以为只是暂时寄居，后来却长期滞留的生活。名人来访总会招来人群，哪怕当地人完全不知道来人是谁。梅根与几十名好奇而激动的当地儿童合影留念。

回程途中，当她沿着颠簸的土路，穿行于羊群和绿地时，她百无聊赖地查看邮件，得知英国电影和电视艺术学院奖邀请她出席颁奖典礼，时间是在奥斯卡颁奖典礼之前几周。

经纪公司告诉她，她有一家高端珠宝品牌的赞助，只要她从基加利直飞伦敦，化好妆，做好发型，套上晚礼服后参加典礼就行。她的直觉是"不行"。出席英国电影和电视艺术学院奖颁奖典礼是她一直以来的梦想，但是，她的角色实在转换不了那么快。在卢旺达做了一周身负使命感的工作后一下子就要进入星光灿烂的颁奖典礼，她做不到。学院奖还会有的，红地毯也会有的，但现在她心里只有卢旺达。她后来写道："这种工作哺育了我的灵魂。"

当然，梅根不是第一个挣扎于好莱坞世界的虚伪浮华和发展中世界民众的惨淡现实之间的明星，也不会是最后一个。奥斯卡得主、联合国难民署特使安吉丽娜·朱莉是成功跨越两个世界的一个生动范例。她越是投身于人道主义事业，就越要学会打开和关闭自己的情感。就像演戏一样，只不过这个开关是在现实生活中。

从卢旺达回来后不久，梅根就在 2 月举行的纽约时装周上成为焦点人物。现在，她正坐在前排观看模特们穿着自己的时尚导师韦斯·戈登的作品走秀。不过，也有人拍到她在观赏米沙·努努时装作品的照片，作品的主题正是梅根内心的呼唤：女性赋能。努努让模特们自己做发型，然后改回马尾辫的样子，尽可能少用定型产品，小发卡随便用。"调子就这么定了。"梅根激动地说道。

在乔·兹主持的雅虎时尚频道直播节目中，她仍然在兴致勃勃地聊着努努的作品。乔与梅根的相识要往回数好几年，他们 2001 年第一次相遇，有不少喝酒闲聊直到深夜的回忆。乔喜欢梅根的地方就是，她一点也不好莱坞，她欣赏他人胜过自己。

♛

浮华显赫之间，她继续支持联合国妇女署的活动，出席了多次世界银行和克林顿基金会的会议，进一步了解了在发展中国家以及她的祖国存在的性别歧视现象及相关事实和数据。尽管她一直有睿智的一面，但这些日子以来，朋友们注意到她对自己获得的优越条件，以及改变现状的机会有了更多的思考、经验和感恩。当她拼尽全力想在成功这架极易滑倒的梯子上站稳脚跟时，她的时间全部被无止境的试镜占据，无暇公益，只求谋生。从西北大学毕业后,她似乎已经将公益理想抛在了脑后。但是,她现在是成功的演员,更有 The Tig 这个发声平台,公益的大门为她敞开了,尘封的记忆也打开了:关于那个写信抗议性别歧视广告的小女孩的记忆和那个立志进入国务院的小姑娘的记忆。

她前往伦敦支持艾玛·沃森的 HeforShe 运动。这位《哈利·波特》电影主演在 Facebook 个人主页举办了一场直播活动,呼吁粉丝加入 HeforShe 中来。接下来就是梅根唱主角了。银幕对面的观众虽然友好却不免令人生畏;梅根深吸了一口气,集中注意力。她即将迎来个人生活的一个里程碑。她的母亲和朋友也在现场支持她,身后是一众全球要人,包括联合国秘书长潘基文、联合国妇女署执行主任姆齐莱·姆兰博-恩格库卡、演员帕特丽夏·阿奎特、她自己在联合国的领路人伊丽莎白·妮亚马亚罗,还有希拉里·克林顿。

3月10日是梅根将会永生铭记的一天。当天,她要以联合国促进女性参政与领导力使者的新身份在联合国发表讲话。

当这位平常很镇定的演员开口时声音有一点尖锐,这也可以理解。她说道:"我为自己是一个女人,一个女性主义者而骄傲。今晚,能在这样一个重大的日子里站在各位面前,我感到尤其骄傲。这个日子提醒着我们已经取得的成就,但是,在庆祝的同时,它也提醒着我们漫漫的前路……"

她讲述了洛杉矶骚乱、教室、宝洁洗洁精广告和学校里的小沙文主义者的故事,还讲述了她给宝洁公司、妇女权益律师格劳丽亚·奥尔雷德、记者琳达·埃勒比和希拉里·克林顿写信的故事。众望所归的总统候选人希拉里对此露出了微笑。梅根兴致勃勃地提到自己的信起到了效果，她感觉自己推动了一点点微小变化的发生。

她的演讲针对的是世界各国国会中女性议员偏少的问题，举出了自1995年以来女性议员总数仅仅增加了11%的数据。"20年才11%。这太不像话了，一定要改变。"她的发言引发了台下的掌声。

梅根讲完后，联合国秘书长潘基文带头起立鼓掌。这次掌声可不得了，它回荡在全美国乃至全世界无数播放梅根演讲的教室中，激励和鼓动着新一代的年轻女性改变现状。

"梅根·马克尔推动了全球对性别平等议题的关注，"联合国妇女署发言人说道，"联合国妇女署相信，也希望她在新的重要公共角色中能够继续运用自己的知名度和声音来推动性别平等事业。"

她似乎拥有一切有利条件。她是一位年轻而富有表达能力的活动宣传家，有一个时髦、有品位的网站，还有成功的电视明星事业。有意思的是，她在联合国妇女署的发言似乎就是她参与联合国事务的顶点了。一旦她获得了官方的联合国使者称号，她代表联合国进行的慈善活动便显著减少。

尽管如此，议题代言和谈话节目的邀请还是纷至沓来。因此，她应邀担任2015年女性电信从业者协会签名活动的主持人就再自然不过了。女性电信从业者协会首席执行官玛利亚·E.布伦南解释道："梅根是一个光辉的典范，她不仅扮演着强大的女性角色，在现实生活中也是一位强大的女性。"

谈话节目主持人拉里·金再次邀请她上自己的节目,梅根之前和帕特里克·J.亚当斯来过一次,主题是《金装律师》,而这一次是讨论她妇女权益使者的角色。梅根很有外交家的手腕,拉里问她世界上哪个国家的性别不平等最严重时,她回答必须考虑文化环境的因素,巧妙地引开了话题。

梅根在参与人道主义活动的同时,电视巨星的地位同样不可撼动。随着知名度的提高,她的片酬也是水涨船高。她发现,自己只要露个面就有收入。克鲁格·康威经纪公司在这方面给了她极大的助力。该公司总部位于伦敦市中心的切尔西,在圣莫妮卡设有办事处,业务范围包括明星代言、品牌宣传和活动组织。

该公司成立于1999年,客户包括维珍集团总裁理查德·布兰森、雪儿、鲍勃·格尔多夫爵士等名人,以及梅根代言过的世界青年领袖峰会等慈善机构。梅根帮忙宣传过的该公司客户还包括护肤品牌娇韵诗和巴基斯坦诗人法蒂玛·布托。梅根的出场费已超过两万美元。

她已经进入了光辉灿烂的"镀金"世界。梅根之前在匿名博客"现役女演员"中写到了自己日新月异的生活:"我工作到很晚,四处赶场,记住见到的事情。我的头脑在飞快旋转,白天忙得眼晕,夜里也忙个不停。又是做头发,又是化妆。就这样,我的名字为人所知,我的星途越发平坦,我的生活不断变化。"

3月,赴联合国讲话前夕,她来到了地中海上的马耳他岛。马耳他之行由 Elle 杂志赞助,这是一次发掘先祖事迹的机会,也是一次品尝经常被人遗忘的美味马耳他料理的机会。马耳他在她心中有着特殊的地位，她父亲的四世祖母玛丽·梅丽尔（前英国王室女仆玛丽·伯德与一名英国军人的女儿）就出生在这里。梅根渴望了解更多。

她乘坐渡轮登上了小小的戈佐岛，品尝了著名的传统戈佐奶酪饼（奶酪馅扁面包蘸酱）。回到主岛后，她游览了首都瓦莱塔的城市贵族博物馆，又观赏了圣约翰骑士团大教堂里的卡拉瓦乔画作。她在马耳他逗留了一周时间，其间她爱上了马耳他料理。她前往位于阿塔德市的名厨皮帕·马泰家上了烹饪课。梅根很喜欢强调一点：作为一名加州女孩，她对农场直供新鲜食材烹饪的料理是有执念的，而现在正是一睹马耳他版"从农场到餐桌"美食风采的机会。马泰带她去采购食材，逛当地的鱼市，然后教她制作意面和奶酪蛋糕，最后在马泰家的花园里用餐。

对这个用自己最爱的酒品为个人网站 The Tig 起名的女生来说，若是没有好好品一品当地的酒，那么马耳他之行就是不圆满的。她到马利地安纳酒庄度过了一个悠闲的下午，红酒果香浓郁，白酒美味可口。马耳他葡萄酒很少甚至未曾进入美国市场，因此这真是一场盛宴。她没有发现多少关于马耳他先辈的信息，但至少味蕾多了一次值得铭记的旅程。

她是独自前往马耳他的，不过她的厨师男友若是来了，肯定会为丰富独特的当地美食兴奋不已。与梅根一样，他也忙得很，他自己主打烤鸡和沙拉的新店 FLOCK Rotisserie and Greens（弗洛克烤肉蔬菜）开业在即。这位大厨承认，他开发烤鸡的时候没少让梅根品鉴。科利有 3 家饭馆，忙得不可开交。

他为加拿大美食电视网录制《名厨说好菜》节目，预计于 2014 年 12 月播出。他还效仿梅根做起了公益，志愿参与《做饭小当家》，这是一档由名厨教孩子制作家常菜的青少年节目。节目的宗旨是帮助青少年掌握烹饪技法，认识到奉献社会的重要性。

又要录节目，又要开餐厅，他实在不能抽身陪梅根前往异国之旅的下一站——伊斯坦布尔。梅根的同行者包括演员艾迪·瑞德曼、参演《五十度灰》的杰米·多南和歌手帕洛玛·费丝，目的是出席 Soho House 新店的开业典礼。

迄今为止，这是梅根最忙碌、最成功的一年，而伊斯坦布尔之行只是其中的又一次光辉插曲罢了。除了高调登场的联合国演讲以外，她还接到了加拿大历史最悠久、名声最响亮的零售商之一雷特曼的代言邀请。此外，这家拥有 90 年历史的连锁服装店还希望她能推出自己的服装系列。她的形象不仅会出现在全加拿大的广告牌和电视机上，更会影响女性的衣品。

这是一次绝好的机会，不过，当她第一次跟时尚圈的朋友们提起的时候，他们都对梅根竟然会跟这么老气的牌子联系一起感到不屑。"哎呀，我妈 20 世纪 80 年代就是在雷特曼买牛仔裤。"他们异口同声地说。梅根拿不定主意。由于她是美国人，所以她对这家老牌服装店不会产生加拿大朋友那样的"膝跳反射"。与雷特曼高管见面后，梅根的认知被刷新了。"如果你们想要重整旗鼓，我愿助一臂之力。"她后来对时装写手珍妮·拜克转述当时所说的话。雷特曼计划推出让梅根身穿自家苗条、修身、潮流款服装上镜的广告活动。在一则广告中，梅根走进一家高级餐厅，两名急匆匆吃着午饭的女士快速打量了她一眼，其中一人惊呼，"好时尚啊！"另一人则好奇她穿的是什么牌子。接着，为了看清梅根衬衫上的标签，两人转身趴在靠背上。发现她俩在看自己后，梅根嫣然一笑，说道："女士们，这是雷特曼。"另一则广告中，梅根足蹬华丽高跟鞋，上身是利落的商务正装，下身则是紧身牛仔裤，一边大步走上街道，一边用手机打电话。随着摄像头跟拍到街头，她注意到了自己在商店橱窗中的身影。镜子中的影像对着镜头搔首弄姿，然后给现实中的自己来了一个飞吻。最后是她为品牌设计的广告语："雷特曼，真实真美。"*

　　她不仅是雷特曼的品牌大使，她还在努力设计将于 2016 年春季推出的经典基本款套装系列。梅根很兴奋，回想着小时候和妈妈一起坐在她位于洛杉矶拉布雷亚沥青坑附近的"换衣铺"服装店里的时光。在那段很久以前的日子里，多莉亚会带着女儿去布料仓库，过道两旁都是布料。现在，她有机会创办自己的时装系列了。梅根和设计团队提出大致思路，在小样上试制，还要检查拉链好不好用，大样合不合身。她后来评论道："我对设计过程特别投入，他们肯定都被我逼疯了。不过，我怎么能不投入呢？上面可是有我的名字啊。"

　　第一批出厂的梅根·马克尔套装系列由 4 款风格各异的连衣裙组成：晚会、约会之夜、日落（超长裙）、天台（短款白色连衣

---

* 译者注：原文为 Reitmans. Really。

裙）。通过了设计方案后，她就只能努力祈祷了。她迫切地想看到自己的努力得到粉丝和公众的认可。正如她在博客中所写："样式和图案都是我反复雕琢、绞尽脑汁的结果，成果就是这套限量款系列连衣裙。它反映了我个人风格的各个方面，我相信你们会喜欢的。"

系列售价均低于100美元，表现出了主创的省钱意识。她得意地说自己是买特价商品的。"我一直是那种穿梭于衣架之间来回比价的姑娘。"

当然，她这话说得不全对。当她的设计师朋友米沙·努努请她参加2015年11月初在纽约举行的CFDA（美国时装设计师协会）/Vogue（服饰与美容）时尚基金会颁奖晚会时，她欣然穿上了努努时装系列中的一件，那是一件短款深V领液态金属连衣裙，达到了惊艳全场的效果。摄影师们竞相捕捉这位电视明星的倩影。

除此之外，梅根还成了一部小妞文学《漂亮女孩的构成要素》的核心人物。小说的作者是林赛·罗斯，梅根"在西海岸的好闺密"。林赛经常去梅根在多伦多的房子，以至于备用卧室起名为"林赛的房间"。这部风格轻快的小说以艾莉森·克拉夫特为女主角，一共花了5年时间。艾莉森从小就梦想成为演员。可惜，参与了那么多年试镜，她没能踏上梦想中的星途。经过一番内心求索，她开始另谋出路，最后成为一名美妆大师。

当然，艾莉森就是21世纪头几年梅根困顿时期的写照，基本没有多少掩饰。林赛掌握了所需的一切素材。除了梅根的口述以外，林赛手里还有"现役女演员"博客。梅根很喜欢这本小说，在自己的 Instagram 上发了好几个帖子展示风格轻快的书封。新书发布会于夏天举行，梅根不但出席了发布会，之后还带着闺密去看了一场冰球比赛。林赛不仅大声宣布自己的演员朋友帮助她探索了"美"是什么，她还给住在肯辛顿宫的凯特·米德尔顿寄去了一本赏心悦目的样书，附带的卡片上对公爵夫人说，在她眼中，她就是"美"的定义。

接着，林赛就自豪地把凯特王妃办公室例行公事的感谢信晒到了网上。她从来没有想到自己的朋友日后会与哈里王子结婚，成为英国王室的一员。假如她把这段情节告诉纽约出版商的话，他们肯定会大笑着把她赶出办公室。

事实上，梅根确实要"结婚"了，但对象既不是哈里王子，也不是她当时的男友科利·维蒂耶洛。在《金装律师》第五季的高潮，她将与不走寻常路的律师迈克·罗斯走进婚姻的殿堂。拍摄档期定在 11 月 13 日，这部剧要赶在圣诞节假期之前完成。读剧本的时候，梅根觉得如果自己要结婚的话，她——或者说蕾切尔——最起码希望在婚纱款式上有发言权。她后来对 *Glamour* 杂志说，她联系了《金装律师》的服装师若利·安德烈亚塔和自己的朋友、婚纱设计师杰西卡·穆罗尼，想找点灵感。3 位女士约在纽约婚纱店克莱因菲尔德位于多伦多的分店见面。这家店位于曼哈顿的总部面积约 2 800 平方米，甚至有自己的品牌电视节目《对婚纱说"我愿意"》，而哈得孙湾百货公司里的多伦多分店就要小得多了。"我想要穿着舒适的、顺滑的婚纱，要高雅，还要一点童话风。"梅根解释道。杰西卡挑了一件安妮·巴奇设计的宽下摆 V

领剪花纱网婚纱。梅根试穿后高呼:"这就是蕾切尔!"

"这件婚纱两天后就要,"若利说,"我们能做到吗?"在剧本的初版中,迈克和蕾切尔修成正果。但是,制片人加布里埃尔·马赫特和剧集主创亚伦·科尔什审稿后认为,更合理的情节是迈克进了监狱,告诉梅根饰演的哭哭啼啼的蕾切尔·扎恩说自己不能娶她——至少现在不行。2016年3月播出的第五季最后一集就这样吊足了观众的胃口。

拍完煽情戏后,梅根乘飞机去了一个和多伦多差不多冷、有时甚至会更冷的地方。这位加州女孩要去冰岛看北极光,她在途中发现了精灵小镇,禁不住在自己的Instagram又发了一张照片。梅根起初对互联网一窍不通,连她自己都承认这一点。现在,她已经成了社交媒体达人,成天发漂亮的自拍和犀利的评论,还有关于自己欣欣向荣的社交媒体账号的随笔,比如新年愿望:跑一场马拉松、不再咬手指、戒掉脏话、捡起法语。

The Tig上线18个月以来,梅根一直在努力利用这个平台来传播她认为重要的、美妙的事物:多莉亚在母亲节拍的迷人照片、甜菜意面配芝麻菜青酱菜谱、推荐书目、最爱的格雷·玛琳画作、还有她在温暖的加勒比海浪中品尝新鲜海胆的照片。梅根每天都要创作新内容,勤奋不懈,自制力极强。她还会请其他人贡献内容,比如请公关导师露西·米德摩尔写一写她的哥斯达黎加之行,还有她的瑜伽教练邓肯·帕尔维艾宁,以及《金装律师》的另一位主演阿比盖尔·斯宾塞也都有所贡献。然而,轻松内容之下是严肃的底色。在一篇题为《支持改变》的文章中,梅根充满激情地讨论了种族关系问题，复述了家里流传的从俄亥俄州开车去加州途中遭到的偏见和歧视的故事。"这个故事提醒我，我们的祖国还很年轻。"她对读者们说道。The Tig 融合严肃与轻松、女性话题与厚重思考，给人一种高端女性杂志的感觉，但又具有梅根的特色。正如她所说："它是我说出真心话、分享我觉得催人奋进、令人激动同时又并非遥不可及的事物的一个出口。"另外，网站还有经济方面的收益。通过插入网购链接和宣传美妆盒子品牌 Birchbox 等品牌，她挣了不少钱。"我永远不会接广告，"她说，"也不会卖 100 美元一根的蜡烛。这太不像话了。"

有的时候，她必须提醒自己克制，不要屈服于拍下和分享生活中每一个细节的冲动。她必须记得要享受真实生活本来的样子。有关麦当娜的纪录片《与麦当娜同床》在制作时，麦当娜的男友沃伦·比蒂这样评论自己的明星女友："离了摄像机她根本活不了，更别提还愿不愿意说两句话了。"这句尖刻的评语是在社交媒体兴起之前说的。现在，梅根属于这样一代人：如果自己不注意的话，他们的生活就会完全由社交媒体来定义。

不过，现实世界的问题不断闯入这个浮华美好的世界。2016年2月，梅根再次飞往卢旺达基加利进行慈善活动。

她在出发前庆祝了情人节，但不是与科利，而是与纽约西村的朋友。这已经是常态了。他们俩都有雄心壮志，不愿意投入时间或精力来深入发展感情。科利沉浸在连锁餐厅和电视名厨的事业中，梅根则专心演艺、慈善和时尚。早在梅根登上飞往基加利的班机前，这段为期两年的恋情的结局就已经写定了。

此次非洲之行的组织者不是联合国，而是基督教福音派人道主义援助组织加拿大世界宣明会。该会是美国世界宣明会的姐妹机构，而美国世界宣明会前一年决定不再雇用处于同性婚姻中的基督徒，也因此登上报纸头条。独立运作的加拿大世界宣明会立即与该政策撇清了关系。他们的宗旨是："凭借对耶稣基督的信仰，世界宣明会致力于为穷苦者与受压迫者服务，以此彰显上帝对万民的无条件的爱。世界宣明会服务于所有人，无论宗教、种族、族裔或性别。"

表面来看，梅根的选择很奇怪，特别是她一直对联合国妇女署关系冷淡，在日志里从来不提自己是联合国使者的事情。但是，加拿大世界宣明会很希望利用她的名气来推进自己在发展中国家的工作，尤其是为乡村提供纯净水源的计划。不管她可能有过哪些顾虑，她还是同意去卢旺达考察宣明会的成果。加拿大世界宣明会首席营销官罗拉·德瓦尔回忆，那是一次激情澎湃的思想碰撞："她特别平易近人。她非常坦诚地谈论起那些让她深感触动的事业，还有她想要进一步了解的事业。"

这次访问与联合国的那一次不同。那一次，她会见了女性议员，并探讨如何在一个农村为主的国家推进妇女事业。这一次则是由上至下的传统慈善活动。梅根考察了一个水井工程即将完工的村庄，并参与了抽水机的开机仪式。她的朋友，时尚摄影师加博尔·尤里瑙全程跟拍。

尽管这次访问并非直接针对性别平等问题，但梅根很快明白，洁净水源有助于年轻女孩留在学校上课，因为她们不必每天徒步好几个小时为家人找水了。

接着,她先去参加了一堂舞蹈课,又来到卡萨博地区的一所学校,见到了25名因加拿大世界宣明会安装水管而生活发生改变的学生。她坐在用井水画水彩画的孩子们中间,沾上了颜料的小手正在描绘着孩子们的梦想和未来。

回到多伦多后,她举行了一场义卖会,利用孩子们的画作销售所得来实施"水彩计划"。3月22日,这次只接受邀请嘉宾的活动于多伦多市中心的LUMAS美术馆举办,梅根主持,筹集资金超过1.5万美元,恰好够为一个乡村社区提供干净的水源。世界宣明会全球大使梅根对60多名观众说道:"干净的水源能够让女性投入个人事业和社区活动,推动草根领导力的发展,当然也会改善儿童和成年人的健康状况。这是一个环环相扣的事业,而一切的关键又在于净水,生命之源。"

现在,梅根正式成为宣明会的代言人,网站、财报、宣传材料、机构简介中都有她的视频片段。在联合国里,梅根只是众多推动该组织的各个重大议题中的名流之一,而在这家基督教慈善机构,同时也是全加拿大最大的一个慈善机构中,梅根则是最重要的代言人。

梅根在白色背景板前摆出各种姿势让朋友加博尔·尤里瑙给她拍照。摄像机的摄影功能也开着,记录下她为雷特曼首次设计4

款个人系列服装的幕后故事。接着，她直接回家，为 The Tig 撰写这一系列服装的相关稿件。

她的灵感源于洛杉矶超长裙、蕾切尔·扎恩风格的短款黑色连衣裙和不对称荷叶边白色连衣裙，这一系列服装引来一片兴奋与赞叹。紫褐色的"约会之夜"连衣裙更让梅根有了"潮流法国范儿"。即将于 4 月 27 日举行的发布会前一天，梅根赶往纽约参加由 Vogue 杂志赞助的时尚基金决赛现场，胜出的设计师将赢得服装设计支持资金。她在现场与时尚界名流来往交流，正好为自己的发布会造势。梅根这次也是一个人去的。她的朋友们对梅根和科利分手的消息都不感到惊讶，但分手事件仍然造成了一定的影响。梅根的一个朋友说，分手让她兴致低落，脆弱而受伤。尽管科利有劈腿的迹象，但问题的根源还是两人都不愿意付出任何努力。

第二天出席在雷特曼多伦多旗舰店举行的首次个人时装发布会时，梅根手持香槟，目光坚定，她的产品一下子就火了。

梅根系列时装发布首日便告罄，比凯特·摩丝强多了。梅根激动不已，尤其看到抢购盛况的雷特曼决定支持她再推出第二个时装系列，预计于 2016 年秋季发布，这更令她激动。

梅根刚刚把杯中的香槟喝完，她就又作为嘉宾出席了一场午餐会，活动主题是表彰 10 位 25 岁以下成功改变了行业规则的年轻女性。梅根与奥运会运动员和成功互联网创业者一起被委任为第 59 届年度杰出女大学生入围赛的导师。梅根现在是声名显赫的老前辈，有人问她，人们对女大学生最常见的误解是什么。她答道：

"你要明白,当代年轻女性有深刻的思想,有不可思议的灵感,她们在以前所未有的方式打破思维定式。这就表明我们的未来有保障,我们的世界会很好,也是表明女性有颠覆游戏规则的最重要迹象。"

两周之后,梅根同意参加由拉里·威尔摩尔主持的喜剧中心频道的节目《晚间秀场》时就没有这样自信了。

6个月之后就是总统大选,共和党候选人纷纷落选,唐纳德·特朗普似乎成了领跑者。梅根上节目的那天晚上,由于特朗普无休止地抨击福克斯新闻网的台柱子梅根·凯利(Megyn Kelly),用"病态"和"名过其实"来形容她,这一切在亲共和党的福克斯新闻网引发了热议。一份力挺梅根·凯利的声明中提道:"唐纳德·特朗普对梅根·凯利的尖锐抨击,以及他对梅根·凯利极端的、病态的执念,实在是有失竞逐美国最高官职的总统候选人之体统。"

威尔摩尔向嘉宾们问道:"你们认为特朗普的气势能够被遏止吗?"梅根和嘉宾们一起打趣主持人和他手下的记者,讽刺地笑着说:"我真的该走了。我们还要去多伦多拍《金装律师》,我没准就留在加拿大了。我的意思是这是认真的吗?如果我们谈论的问题成为现实的话,这就是颠覆游戏规则的大事,将改变我们这个世界行事的方式。"

几分钟后,她又插进来表达了其他观点:"特朗普造成了选民分裂。想一想女性选民吧。2012年的时候,共和党在女性选民方面落后12个百分点,这是很大的差距。"她接着给特朗普贴上了

"厌女症"的标签,还提出特朗普的道德败坏让人们更容易投票给希拉里·克林顿。"特朗普让你很快就明白,你确实不想生活在他描绘的世界里。"梅根辩称。

再过不久,特朗普投下的长期阴影就会以她从未想过的方式影响她的生活。

第九章

当哈里遇上梅根

第九章 当哈里遇上梅根

有时，时机就是一切。放在两年前，梅根·马克尔若是遇到身前这位衣着随便、伸出手来打招呼的男人，她很可能会微微一笑，友好地寒暄几句便离开。哈里王子除了作为讲给朋友们的趣事以外不会给她留下深刻的印象。

当然，她会注意到他姜黄色的头发和胡须——她的父亲、同父异母的哥哥和前夫特雷弗的须发都是草莓金色——还有和父亲相去不远的身高（约1.85米），不过哈里要苗条结实一些，拥有经常进行户外运动的年轻人的那种矫健姿态。但是，梅根也会发现早年的哈里难以相处，有一点迷失的感觉。

回顾过去时，哈里会率先承认自己在20多岁时堕入了"彻底的混乱"。1997年夏天，他从巴尔默勒尔庄园的床上被叫醒，得知母亲威尔士王妃戴安娜死于车祸的消息，从此生活笼罩在丧母的阴云之中，久久无法摆脱。

全世界数以百万计的电视观众流着泪，观看屏幕中年仅12岁的王子走在母亲的棺椁后面。然而，葬礼过后，只有他一个人收拾破碎成片的生活。有的时候，就连他那头脑清醒、理性务实的哥哥威廉王子都联系不上他。

失去母亲，失去了这个滋养着他、安抚着他的因素之后，哈里成了一个声名狼藉、怒气冲冲的酒鬼，混迹于伦敦各大夜总会，随时准备对如影随形的可恶狗仔队大发雷霆。多年来，一支高薪聘请的专业公关团队一直在精心保护着他，为他摆平公共丑闻。例如，2004年2月，重量级专栏作家卡罗尔·萨勒埃尔将哈里称为"国家的耻辱"和"糟透了的年轻人"时，查尔斯王子的公关部经理帕蒂·哈弗森出手了。

哈里飞往莱索托，他与年幼孤儿穆苏·博赛因见面的场景被拍了下来，他谈到自己对艾滋病肆虐莱索托深感震惊。莱索托之行后，王室方面适时发表了一封哈里给因强奸和虐待而入院治疗的患者写的公开信。这套经典的公关操作利用哈里性情随和、本性不坏、风趣幽默的个人特质，延续了他母亲过去的慈善活动，讲述了这位以流连夜总会闻名的年轻人的另外一面。

这也成了哈里王子延续多年的基本公关套路：凡是他有不检点的事，就搬出慈善和从军生涯*来弥补。哈里王子的世界里总有人替他擦屁股。2005年犹太大屠杀纪念日前夕，他身穿纳粹制服参加了一场以殖民者和原住民为主题的化装舞会。他的善后团队承认哈里"选择服装不慎"，但坚称他并无恶意。同样，当有人公布一段哈里称他在桑赫斯特军校的一名同学为"我们的巴基小朋友"，并将另一名称作"头巾男"（对阿拉伯人的蔑称）的视频时，公关负责人帕蒂·哈弗森再次赶来救火。

假如梅根此时出现在他的生命里，这样随意的种族歧视语言不会给她留下好印象。虽然他做的其他事也不会留下什么好印象。

---

* 哈里王子曾作为一名受过训练的"阿帕奇"武装直升机飞行员在阿富汗服役。

"他是一个迷失的年轻人,"一名前王室工作人员告诉我,"哈里是一个很纠结、很不快乐、很不成熟的人,满脑子都是和他阶级背景相似的那些人特有的偏颇、隐隐带有种族歧视色彩的观点。"

哈里人生中的低谷或许要属 2012 年,这一年,他在拉斯维加斯酒店里和一群陌生人玩"脱衣台球"*,最后输到赤身裸体。现场恰好有人带了相机,于是把他的荒唐举动传到了网上,举世震惊。他懊恼地道歉称自己"军队习气太重,王子风度不足"。

尽管此事引起了骚动,但公众对王子大体上还是有好感的。哈里和哥哥经历了父母痛苦的离婚,母亲又突然离世,公众对他们怀有本能的同情。两人不同的地方在于,哥哥威廉比较稳重,后来又有一位头脑理性、心理稳定的妻子扶持,帮助他度过了一个个痛苦的夜晚。弟弟哈里则在军旅生涯中找到了使命感,心魔也得到了暂时的压制。他不是第一个在军队中学会遵守纪律并找到方向的年轻人,也不会是最后一个。

有一件事对他的生命轨迹产生了极大的影响。2008 年第一次执勤结束从阿富汗回国时,同一架飞机上有一位牺牲了的丹麦士兵的棺材,棺材是由死者的朋友们搬上去的,飞机上还有 3 名陷入诱导性昏迷的英国勤务人员,以及用塑料布裹起来的 3 人的断肢。这段航程让他踏上了一条以"不屈不挠"运动会为顶点的道路。

"我对奉献牺牲的看法永远地改变了。"他在 2017 年"不屈不挠"运动会的开幕式致辞中回忆道。

---

* 脱衣台球:一种下流的酒吧游戏。

"我深知，利用这个大的平台帮助军人得到世人的理解，为世人带来鼓舞，是我的责任。"

王子的想法是利用身为王室成员的社会关系，与对武装力量的长期兴趣、对人道主义事业的激情结合起来，办一次引人注目的活动。"不屈不挠"运动会是一场为各国病伤残男女军人举办的综合性运动会，比赛项目包括室内划船、轮椅篮球等。2014年9月，经过一年的筹备磋商，首届"不屈不挠"运动会于伦敦召开，参赛者包括300名来自世界各地的军人。运动会取得了圆满成功，为将于2015年退伍的哈里王子带来了新的生活重点和动力。他全身心地帮助和鼓励那些在现代战争中受伤致残的老兵，他们不能继续在沙场报国，却希望在篮球或网球的赛场上继续拼搏。"不屈不挠"运动会是由哈里缔造的。"从那时开始，他就变成了今天的他，"一位前王室服务人员说，"这个过程可不轻松。他更开放了，成了一个真正关心社会的人。"

这段经历敞开了哈里的心扉，他越来越乐于谈论个人方面的愿望和梦想。无论是公开还是私底下，他在谈话中会讲到作为王子由自己寻找伴侣、结婚生子的愿望。他显然已经来到了人生的十字路口，迷失的日子行将结束。随着朋友们纷纷过上了安定的家庭生活，哈里王子似乎有当"剩男"的危险。他见到哥哥享受着家庭的幸福，不禁艳羡。

2016年2月的一次生日聚会上，他对电视播报员丹尼斯·范奥腾说："我现在还是单身，这是我人生中第一次想要娶妻。"他之后经常讲类似的话。3个月后，他去佛罗里达州奥兰多筹办"不屈不挠"运动会，接受《星期日泰晤士报》采访时再次提起爱情与婚姻的话题。"我目前的主要精力还是放在事业上，不过，如果有人不经意走入我的生活，那真是太好了。我不会把事业摆在家庭和婚姻前面，我只是很少有跟人接触的机会。"

每次跟新人见面时，他的脑海深处总会浮现出一个念头：找到"愿意跟我过日子"的人好难。她们是被他的品格，还是他的头衔吸引来的呢？诚如他的一个朋友所说："想当王妃的女孩肯定特别不一般。"

当梅根·马克尔收起小桌板，准备在希思罗机场降落时，她已经在考虑恋爱和婚姻的事了。她刚刚在希腊伊兹拉岛度过了一个长周末，忧郁诗人兼歌手莱纳德·柯恩也曾在岛上居住。那几天里，梅根、她在大学最好的朋友林赛·吉尔·罗斯和林赛的伴娘团一边享用葡萄酒、红鲻鱼、鹰嘴豆酱，做着舒展的瑜伽动作；一边讨论婚纱、新娘面纱、花朵，过去和未来。梅根和前男友科利·维蒂耶洛越来越忙碌，感情越来越淡，不久前正式分手。梅根很想离开多伦多，离开两人当初同居过的房子。

从西北大学毕业后，林赛走上了电视制片人和小说家的道路。现在，她要结婚了。梅根对自己的伴娘身份很上心，把单身派对的地点安排在了风景如画的希腊度假小岛，而不是市里某个吵闹的俱乐部。"放下一切，肆意宣泄——一个人晒太阳，到海里游泳，大吃特吃，享受当下。"她在个人博客 The Tig 中写道。这次短暂的假期圆满结束，就像之前请林赛去多伦多挑婚纱的那次一样。她的好友杰西卡·穆罗尼在哈得孙湾百货大楼店的克莱因菲尔德精品婚纱（之前蕾切尔·扎恩的婚纱就是在这里买的）公关部工作，通过她的关系，梅根为林赛安排了婚纱试穿，而且事先没有跟她讲是要做什么。林赛的结婚对象是一位英国精算师。她最后挑了一件由黎巴嫩时装设计师祖海·慕拉设计的婚纱，慕拉曾为众多好莱坞名流设计过服装，包括泰勒·斯威夫特、碧昂丝和凯蒂·派里。

一丝不苟地完成伴娘的职责后，梅根来到伦敦，既是为了提高一点知名度，也是为了享受几天社交生活。

媒体界的无冕之王皮尔斯·摩根坐拥 600 多万 Twitter 粉丝，主持早餐秀节目，还有众多名流友人。对一名想上头条的新晋肥皂剧影星来说，与他攀上关系自然是好事。毕竟，她来伦敦一周的主要目的就是推广新一季的《金装律师》，以及亮相温布尔登网球锦标赛，这一届锦标赛的中央赛场冠名权正属于她的赞助商拉尔夫·劳伦。

两人在 Twitter 上早已是好友，有过热情的线上互动。于是，6月 29 日在温布尔登的看台上观看自己的好友、网球传奇选手塞琳娜·威廉姆斯比赛期间，梅根联系了皮尔斯。两人约定傍晚到肯辛顿一带，他家附近的斯卡斯代尔酒吧喝一杯。皮尔斯很喜欢看《金装律师》，但这是他第一次见到"蕾切尔·扎恩"真人。他在《邮报》网络版撰文回忆道："她身上每一寸都像是好莱坞巨星——非常苗条，一双长腿，极其优雅，光彩照人到不可思议的程度。"或者用这个东道主的话说，"美得令人震撼"。

梅根品着干马天尼鸡尾酒，与皮尔斯谈起《金装律师》、她的出身、她做公文包女郎的日子、美国的枪支管制、对书法的热情、女性权益，还有她当年的新闻播报员梦想。皮尔斯自然受宠若惊。"热情幽默，聪慧风趣，堪称奇女子，"他后来回忆道，"她看起来也很真实，不是加州到处都是的那种矫揉造作的女演员。"

8 点钟，她前往哈特福德街 5 号的私人会员制俱乐部吃晚餐。有流言说，刚刚单身的梅根"退出"了约会圈，而且要努力赶走"死缠烂打"的男人。

梅根从媒体界王子这里离开后真的是去见真王子吗？皮尔斯素有名流月老之称，他第一次将保罗·麦卡特尼介绍给未来的妻子希瑟·米尔斯是在一次午餐会上，我当时恰好在场，但梅根在社交场上向来谨慎，而且镜头意识很强，她去见女王的孙子前恐怕不至于喝下两杯高度数的马天尼吧。

论公事，她来伦敦的首要任务是推广新一季的《金装律师》和设计师品牌拉尔夫·劳伦。6 月 30 日是她的大日子，因此她必须打起十二分精神，准备度过一个由灿烂微笑和大量香槟酒组成的下午。

梅根与拉尔夫·劳伦公关部高官瓦奥莱特·冯·威斯腾霍尔

茨展开了紧密合作。瓦奥莱特是"金装律师日"和梅根代言拉尔夫·劳伦时装品牌活动的组织者。"我真是爱死她了。"梅根这样热情地评论自己的新闻密。值得一提的是,瓦奥莱特不仅是人脉深厚的时装界达人,她的父亲、高端室内设计师皮尔斯·冯·威斯腾霍尔茨男爵更是查尔斯王子的朋友,而且她的姐妹维多利亚一度被认为可能与哈里王子结婚。

多年来,瓦奥莱特、维多利亚姐妹俩和查尔斯王子、威廉王子、哈里王子每年都会去瑞士滑雪。尽管瓦奥莱特对自己的红娘本领一贯谦虚——"我就留给其他人去说吧",她对《每日电讯报》如是说——不过,梅根和哈里的那次著名相亲可能就是她安排的,恰好选在他参加完法国"一战"纪念活动刚回国的时候。

梅根总是谨慎地强调两人是在7月相遇的。《名利场》杂志发表过一篇祝贺她的文章,文中称梅根夫妇最早是在2016年5月的多伦多见面的,梅根还坚持要杂志刊登更正声明。

虽然瓦奥莱特与王室有关系,但是实际着手在会员制俱乐部订下私人包厢好让两人度过一个躲开窥探眼光的亲密夜晚的人则是加拿大人安德森。他是梅根的朋友,也是不对外开放的Soho House的品牌大使,当时刚刚和梅根从马德里度假归来。

万事俱备,丘比特的箭已在弦上,正如哈里在订婚访谈中所说的那样,天上的星星连成了线。梅根对即将见面的男人并不很感兴趣。在一次电视节目中,梅根被要求在威廉和哈里中间选一个人,她显得内心毫无波动,主持人只好鼓动她选择还单身的那一个王子。无论如何,梅根似乎都更青睐演员丹尼斯·奎德。

因此，哈里王子似乎没戏了。话虽如此，梅根即将见到的哈里完全不同于当年那个以流连夜店为业的年轻人。他7月1日刚刚从法国回来。之前，他与时任首相戴维·卡梅隆、查尔斯王子、威廉王子夫妇等显贵名流前往法国参加了纪念英国战争史上最血腥的一天——索姆河战役爆发100周年的活动。在悼念丧生者的晚祷中，哈里朗读了诗歌《开战之前》，诗的作者是开战首日便阵亡的W. N.霍奇森中尉。纪念活动哀痛而令人动容，提醒着人们不要忘记那重大的一天。

梅根要见的哈里是一个成熟的男子汉，一个有目标、有决心的男人，一个知道自己的身份和潜力的男人。见面之前，她找朋友问过他人怎么样，性格好不好。答案就在他蓝色的眼眸中。就像电影里演的那样，他们是从一句"你好"开始的。她一下子就敏感地意识到，在表面的闲聊之下，他是一个正在寻找避风港的男人。经过这令人陶醉的一晚，梅根扪心自问：她能给他避风港以及构建这样一个港湾所需要的一切吗？

他们被彼此迷住了。哈里沉醉于她的美貌、成熟和洞察力。梅根关注的是他这个人，而不是他的头衔。两人的第一次约会隐含着较劲的意思，而哈里王子也意识到，他的祖母虽然是英国女王，但梅根可是在联合国的讲台上发表过演讲的人啊。他后来承认，他意识到自己必须迎头赶上。

约会结束，互道晚安之后，两人就各自离开了。他前往肯辛顿宫内的诺丁汉别墅，她则前往索霍区的迪恩街联排别墅酒店。两人都很兴奋。梅根对这个重大的夜晚感到高兴，但又担心自己直接答应第二天见面的请求是不是太性急了。

哈里后来确认说，他们很享受这两次紧张的约会，梅根7月5日就要飞回多伦多推广《金装律师》新一季，约会的每一分钟都很有意义。梅根在Instagram上微微流露出了自己无法抑制的感情。7月3日，她发了一张两颗爱心的图片，图片里有一句简单的话："吻我"。梅根在图片旁边的配文中写道："伦敦的两颗爱心。"

她甚至对自己都感到惊讶。哈里问她8月能不能抽几天陪自己去非洲旅行。当时距离两人初次见面只有几周时间，她竟然说"好的"。随后日程安排就定好了。她必须掐自己一下了——她即将跨越半个地球，与一个刚见过两次面的男人，在无人荒野中的帐篷里共度5天。她刚刚发现原来自己还有这样的一面。

她在伦敦度过的最后一天是在温布尔登看比赛。她和*Vogue*杂志主编安娜·温图尔及其侄女坐在选手包厢中观看她的朋友塞琳娜·威廉姆斯对战俄国选手斯维特拉娜·库兹涅佐娃，天下起了雨。梅根当时身穿一件样式朴素却价格不菲的拉尔夫·劳伦黑色绒面革长裙，于是，时装达人安娜就把自己的开襟羊毛衫给了她，以免长裙在体育场顶棚关闭之前被打湿。比赛继续后，安娜拿回了羊毛衫，塞琳娜则挺进八强。

尽管她一生最大的秘密正在酝酿之中，但梅根的心思还是放在赛场上，起身为友人的精彩表现鼓掌喝彩。不过，球场旁边的摄影师们更关心*Vogue*主编安娜·温特和凯特·米德尔顿之妹皮帕，而不是梅根。一家摄影机构把她放在了"偶遇人物"一栏下。她不会"偶遇"太久的。

第九章　当哈里遇上梅根　　173

登上飞往多伦多的航班之前，梅根告诉自己的大批 Instagram 粉丝："要离开伦敦了，好难过。"直到几个月后，她的密友们才明白这次分离为何带着甜蜜的苦涩。在飞机上小口喝着香槟的时候，她还有时间慢慢回味自己不同寻常的成长经历。但是，她的悠闲生活就要结束了。落地几小时之后，她的生活就要回到令人眩晕的快节奏。她只来得及逗一逗自己救下来的两只狗——博加特和盖伊，然后就要去雷特曼与设计师团队沟通即将发布的冬季个人经典款套装，紧接着就要飞往纽约和波士顿继续推广《金装律师》。

在波士顿，她为《好管家》杂志拍摄了照片和视频。上 NBC（美国全国广播公司）的《今日秀》节目时，她先与主持人聊了聊私家炭烤凯撒沙拉菜谱，然后才开始讲新一季《金装律师》的情节发展。

巡回推广期间，她意识到自己对男友哈里王子的国家所知甚少。7 月 12 日，她参加了戴维电视频道的一档休闲问答节目。她勇敢地选择了回答英国类的问题，结果闯关失败。主持人问她"苹果和梨"在伦敦考克尼地区的顺口溜中是什么意思[*]时，她满脸都写着困惑。

梅根对英格兰、苏格兰和威尔士的代表动物也惊讶不已。她抱怨道："我怎么会知道这些？"她指出，就连现场的英国女摄影师都不知道英国的代表动物是狮子。

---

[*] 答案为楼梯。

随后,她兴奋地发现苏格兰的代表动物是独角兽:"哎呀,真的假的?是独角兽啊!咱们都搬去苏格兰吧!"当她得知威尔士的代表动物是龙时说道:"真的吗,你没骗我吧?"

8月4日,她的35岁生日是在纽约度过的。她来到曼哈顿中城的五星级瑞吉酒店,为朋友林赛的大婚作准备。林赛在Instagram的帖子中写道:"祝一个女生能拥有的最善良、最慷慨、最古灵精怪、(内在和外在都)最美艳动人的伴娘,生日快快乐乐!"有意思的是,她生日那天,一束她最喜欢的芍药花送到了她的酒店套房,或许是王子的礼物?

梅根心中当然不平静。"我现在感觉高兴得不得了。"她在The Tig中写道,"特别满足,特别感恩,只想再多来一点才好。多一点惊喜,多一点冒险。"

她的生活绝不缺少冒险。8月中旬,她离开了配备周到管家式服务的纽约瑞吉酒店,飞往罗马与朋友杰西卡·穆罗尼会合。她们准备去享受时尚版的"甜蜜生活",入住了位于意大利阿马尔菲海岸、设施服务同样高端的勒西雷纳斯酒店。

欣赏着令人惊叹的波西塔诺湾景色,她们不禁感到这里就是天堂的前厅。与往常一样,梅根将住宿4日的每一个细节都发到了网上,甚至设了一个单独的标签"#MJ×Italy"。两人在泳池边晃悠,逛集市广场,还给早餐照片起名为"美食,祈祷,爱情"。接下来的两周,梅根就要陪哈里王子去非洲旅行了。她拍了一张暗示心中浪漫情怀的照片,是她手持一册题为《永恒的爱》的皮面精装书站在圆月之下。她说,这本书是朋友们送给她的祝福。

意大利之行结束时，她与杰西卡吻别。杰西卡是少数知道她下一站秘密目的地的朋友之一，而且帮她准备了飞往约翰内斯堡的机票。

当哈里王子要带着新女朋友去博茨瓦纳旅行的消息传出来时，王室内部或许有人会面露不悦。

有心人会注意到，这是他第7次去博茨瓦纳度假，梅根则是他的第4任女伴。灿烂星空下，非洲南部的偏僻小屋中，俩人度过几个浪漫的夜晚。

他不是第一位迷上非洲大陆的英国王子。他的大伯格洛斯特公爵的名字也叫哈里，1928年在肯尼亚与已婚的著名女飞行家贝丽尔·马卡姆展开了一段轰轰烈烈的恋情。公爵的兄长，也就是后来短暂在位的爱德华八世国王（当时还是威尔士亲王）曾带着情妇特尔玛·弗内斯夫人去非洲旅行，而她的丈夫就在附近露营。"这就是我们的伊甸园，只有我们两人，"她喘不上气似的写道，"他环着我的胳膊是唯一的现实，他的甜言蜜语是我与生命唯一的桥梁。"

辽阔的平原、看不到尽头的天空、每日为生存而斗争，这些因素似乎引出了王子心中激情、灵性的一面。查尔斯王子对非洲南部大地的青睐具有神秘主义色彩，他的两个儿子都继承了这一点。他留给威廉、哈里兄弟俩的观念是：探索外部世界可以让人更深入地认识自己的内心世界，是一个从环境中寻求真理的机会。

查尔斯的领路人是南非哲学家劳伦斯·凡·德·普司特（Laurens van der Post）。劳伦斯鼓励王储去风景一成不变、辽阔而蛮荒的卡拉哈里沙漠寻找平静。1987年3月，查尔斯和劳伦斯乘坐一辆路虎越野车来到卡拉哈里沙漠，睡在帆布帐篷里，围着炉火聊天，一边倾听沙漠的声音，一边仰望群星璀璨的夜空。他们偶遇了一群横跨地平线的斑马，查尔斯被这壮丽绝伦的自然奇观感动得流泪。在整个地球上，少有地方能比非洲的原野更生动鲜明地提醒着人们生命与死亡无可逃避的规律。

或许正是怀着这样的想法和反思，查尔斯王子邀请哈里王子陪自己去南非、斯威士兰和莱索托进行了为期5日的旅行，当时距离哈里的母亲丧命于巴黎隧道只过了两个月时间。哈里仍然在努力排解丧母之痛，而父亲觉得离开英国对内心疗愈会有好处。

与当时13岁的哈里同行的人包括：他的"代理母亲"蒂吉·莱格-伯克，哈里父母分居期间，她就是官方指定的王子陪护员；他在学校里的朋友查理·亨德森；曾任威尔士王子侍从官的马克·戴尔。在哈里的父亲忙于官方活动的同时，小王子则踏上了自己的第一次非洲南部野外旅行，从此成了他的日常爱好之一。

游览过著名古战场，比如1879年祖鲁战争中发生激战的罗克渡口之后，王子又会见了南非首任黑人总统纳尔逊·曼德拉，以及前来南非慈善义演的当红组合——辣妹组合。

6年之后，19岁的王子才借间隔年的机会重返非洲南部。他在莱索托王国待了两个月，这个贫穷的内陆国是全世界艾滋病发病率最高的国家之一。起初,许多人都觉得这只是一次冷漠的公关活动,目的是给王子"洗白"。哈里可不这么看。莱索托儿童的苦难境遇让他很受触动,再加上历历在目的丧母回忆,哈里与同样丧母的莱索托塞伊索亲王决定携手合作。2006年,两人共同创立了勿忘我慈善机构,旨在帮助艾滋病患儿过上充实和有意义的生活。该机构因哈里王子的参与而闻名国外,业务拓展到了邻国博茨瓦纳。哈里一直热情地支持勿忘我的活动。2008年,他邀请哥哥参加了一场横跨南非东开普地区、全程上千千米的野外骑行活动,目的是为类似勿忘我的弱势儿童慈善机构募集资金。"这可不是去乡下悠闲地骑自行车,我们已经作好摔倒很多次的准备了。"哈里出发前对英国广播公司(BBC)说道。

哈里去非洲不只是支持自然保护区、参与勿忘我的慈善活动和执行各项公务,非洲还是他最喜欢的度假目的地——特别是他想要取悦女朋友的时候。在梅根之前,他曾带着体育电视节目播报员娜塔莉·平卡姆、出生于津巴布韦的切尔西·戴维和演员克雷茜达·博纳斯去非洲旅行。博茨瓦纳尤其受他的偏爱。《哈里传》的作者潘妮·朱诺发现:"在这个世上,非洲是哈里王子唯一能够真正做自己的地方。他将博茨瓦纳形容为自己的'第二故乡'。他不是非洲天空下的英国王子。他只是哈里而已。"

哈里以往恋情的问题在于,只要他回到英国,"王子殿下"的标签就成了建立真诚、现实感情的阻碍。哈里之前与切尔西·戴维和克雷茜达·博纳斯都有过认真的感情,但最后都因为两位姑娘无法承受聚光灯下的生活而分手。哈里第一位正式的女朋友是切尔西，两人的感情从2004年持续到2011年，哈里经常将这位坚定的金发女郎形容为一生挚爱。

她是王室活动的常客，应邀参加了威廉王子和凯特·米德尔顿的婚礼，以及安妮公主之女扎拉·菲利普斯和橄榄球运动员迈克·丁达尔的婚礼。身为实习律师的切尔西承认，她难以承受这么多的压力。"压力真是大——发疯了似的，我觉得害怕、不自在，"她后来在2016年的一场珠宝首饰发布会上透露，"被摄影师追得满街跑真是难受。我很努力地做一个正常人。太难了。"那些日子里，她享受制作首饰的"平静"生活。

克雷茜达也讲述了类似的故事。与王子恋爱的两年里，她放下了自己的事业。尽管对狗仔队觉得紧张，但她还是同意陪他去伦敦北部温布利体育场参加了一场公开慈善活动。在一次采访中，她提到定义她演员身份的不是她自己的成就，而是一个"有名的男人"。"是啊，我觉得自己被束之高阁了。"她参加广播四台的《女性一小时》节目访谈时抱怨道，"特别是在这个国家（英国），我觉得人们很容易给你贴标签，或者把你逼到窘境中。"

他的另一些女友似乎很享受闪光灯的感觉，却对哈里打量自己的眼神不感兴趣，比如内衣模特弗洛伦斯·布鲁德内尔-布鲁斯（昵称"弗利"），她还是一级方程式冠军赛车手詹森·巴顿的前女友。和其他年岁渐长的王子一样，哈里抱怨说自己很难找到一个真正喜欢他本人的伴侣。他的一个朋友曾在《星期日泰晤士报》撰文称："他总是很警惕那些为了博得名声而投怀送抱的女人。而真心因为他这个人而爱他的女人呢，她们往往不愿意接下来50年都活在名为王室家族的金鱼缸中。"

尽管有种种阻碍，但王子似乎并没有停止过寻觅。他与无数美丽而成功的女性发展过恋情，例如演员西恩娜·米勒和玛戈·罗比、电视播报员波普伊·詹姆斯、巴西交际花安东尼娅·帕卡德、德国模特阿纳斯塔西娅·古谢娃等。尽管他已经不常上头条了，但刚刚成熟起来的哈里还是不时会有一些出格的举动。

第十章

走进非洲

在媒体和公众看来，哈里在8月只是踏上了又一次非洲旅程而已。根据日程安排，王子要去马拉维参加打击大象偷猎者的活动，然后去博茨瓦纳挽救数量急剧下降的犀牛种群。前一年，他曾在纳米比亚参加过类似的活动。除了公益活动以外，他还要出席8月6日表弟乔治·麦克科代尔和比安卡·摩尔的婚礼，婚礼地点是南非夸祖鲁-纳塔尔省的婚礼胜地奈瑟伍德。不幸的是，这次社交活动最后把他做的善事全都抹杀掉了：《太阳报》撰文描绘了王子和朋友们深夜醉酒狂欢时，扒光了一位年轻表弟的事情。这篇题为《浪荡王子哈里扒光婚礼宾客》的文章引述了一位参与狂欢者的话："哈里在婚礼过程中表现得很好，但之后就玩疯了。大家哈哈大笑，开心极了。"

尽管有这些荒唐胡闹的举动，哈里头脑中正盘算着更有意义的事情。当月晚些时候，结束博茨瓦纳的象群保护活动后，他准备去南非的约翰内斯堡机场与梅根会合，然后一起飞往博茨瓦纳北部的马翁机场。最后一段旅程两人乘着结实的四驱越野车驶过不少土路。在一处路障前，两人不得不从车上下来，从消毒垫上走过，这项预防措施的目的是防止外界病菌进入庞大的野生动物保护区。抵达"鳄鱼齿"私人出租宿营地时，他们目睹了从山下谷地蜿蜒流过、河水呈深蓝色的博泰蒂河。一群群大象、斑马和角马在河水里乘凉，真是蔚为壮观。普通游客永远不会知道，博泰蒂河曾断流将近20年，直到2008年地壳板块运动导致奥卡万戈三角洲的约3 800立方米水涌入河道才重获新生。

宿营地位于三角洲和壮观的卡拉哈里沙漠野生动物保护区之间，营地内有9个对游客开放的豪华帐篷，帐内设有太阳能冷热水两用淋浴室。

宿营地由哈里王子及其父兄的老朋友戴维·达格莫尔运营。戴维和哥哥罗杰的工作是组织非洲漫游旅行团，他参加过2011年威廉和凯特的婚礼。达格莫尔身处野生动物和人工放牧冲突问题的风口浪尖，他的观点促使王子一家的观点偏向动物保护一边。他有一个宏大的计划，如果实现了，博茨瓦纳将拥有全世界最大的动物保护区。他的计划就是建立一个允许动物在奥卡万戈三角洲和卡拉哈里沙漠之间自由迁徙的跨国境野生动物公园。

他肯定和哈里王子讨论了该项目的最新进展，并向他的美国女友普及了动物保护观念。

不过，他们千里迢迢过来可不是为了学习动物保护知识的。在无人荒野中的帐篷中度过的日夜为两人提供了心无旁骛地了解彼此的机会。

哈里王子想当一名野外探险向导，现在总算来到了主场。他对古老非洲大地的草木、土著部落和本土动物种群的活跃关系了如指掌，给梅根留下了深刻印象。毕竟，谁会不喜欢一个把假期用来挽救大象和犀牛的男人呢？

尽管梅根之前代表加拿大世界宣明会去过卢旺达，但她从未有过如此偏远蛮荒的体验。手中端着"日落鸡尾酒",观赏庞大的兽群在原野上漫游,这种体验完全不同于坐在酒店的泳池旁品尝高档红酒。

太阳西沉之后,两人吃着炖肉大餐,然后在群星璀璨的天穹下享用美酒。就寝时分,他们伴着黄喉沙鸡的鸣叫和水边斑马的低吟入睡;待到黎明,他们又被鸟儿的叽叽喳喳叫醒。

两人白天可以选择散步闲逛,也可以驱车深入卡拉哈里沙漠,直到夜幕降临。两岸常能见到鳄鱼,眼尖的游客偶尔还能发现狮子和猎豹。他们还可以在俯瞰博泰蒂河的游泳池里休息,游泳池是借助天然岩石修建的。

在这里,在美妙而平静的大自然中,两人的关系得到了进一步发展,他们都明白自己找到了不一样的人。哈里后来描述道:"我这么快就能知道她是什么样的人,实在妙不可言。"

尽管即将远隔千里,各自忙碌,但奇妙的 6 天假日结束时,他们都知道这朵珍贵的爱情之花不容轻易浪费。梅根后来对 BBC 说:"我觉得我们早在那时就意识到一段严肃的恋情要开始了,而且我们知道为了修成正果,双方必须投入时间、精力和其他所需要的一切。"

幸运的是,梅根刚刚结婚的朋友林赛·罗斯是个好榜样。婚前,罗斯一面忙着为纽约烹饪电视频道制作《真实的女孩厨房》,一面和加文·乔丹约会。乔丹是安永会计师事务所的一名精算师,在伦敦生活工作。两人的异地恋发展顺利,最后终成眷属——哈里圈子里的不少人也有同样的经历。

但是，哈里的男性朋友没有一个能跻身全世界最受欢迎的单身汉之列，这是哈里才有的地位，媒体和公众对他生活的热切关注也会随之而来。除了异地恋以外，他们还有其他要考虑的问题，隐私问题首当其冲。梅根与哈里的恋情需要保密，至少要保密到两人能够坦诚地决定这段感情是否能够长远地走下去，还是说它只是夏日里的心血来潮，挺不过寒冬的洗礼和不可避免的分离。

他们面临的阻碍是大部分恋人都不会碰到的。梅根必须扪心自问：她喜欢上的是他的人，还是他的地位；如果是他的人，她能不能妥善应对他的地位？她或许是一名当红女星，习惯了被大众认出来，但是，这些跟她选择接近哈里后会受到的审视完全没有可比性。找普通名人当男友是一回事，跟王子约会就是另一回事了。她能受得了吗，她的家人和朋友受得了吗？

哈里爱上了一个比自己年纪略大、混血、来自美国加州、离过婚的女人，上一次英国王室成员与美国人结婚造成的混乱和苦涩不必多提。英王爱德华八世爱上离过两次婚的巴尔的摩女人华里丝·辛普森时，他宁愿退位也不愿放弃她。

爱德华八世自愿退位之后很久，离婚记录仍然是王室内的绝对禁忌。20世纪50年代，哈里的姨祖母、女王的妹妹玛格丽特公主在教会和政界的强大压力下和空军上校彼得·汤森分手，汤森曾任先王的侍从，也离过婚。玛格丽特的生活从此不一样了。

他的父亲查尔斯王子也的确于2005年在温莎城堡与情妇卡米拉·帕克·伯乐斯结婚，那时戴安娜王妃已经去世了很长一段时间，不支持查尔斯再婚的祖母伊丽莎白也于2002年去世。这段婚姻标志着，王室已经从退位风波以来严守的道德立场上作出了永久性的让步。

梅根要学习和掌握的历史知识还多得很，远远不只是龙、独角兽和狮子那么简单！尽管哈里本能地想要保护梅根，但他希望她能清楚地认识到自己要开始怎样的生活，然后自己作出选择。希望她能答应吧。他比梅根要焦虑得多，担心树大招风会吹散未来的幸福，带领梅根进入自己的世界的最好办法是"慢点，慢点来"。

诀窍就在于规划和时机。许多异地恋的恋人都遵循"22天法则"，也就是确保至少每3周能见一次面。哈里和梅根每隔14天就见一次。他们的大敌不是狗仔队，而是飞行里程。梅根经常刚到多伦多就要直奔《金装律师》片场开始拍戏。她后来在订婚访谈中回忆道："我觉得我们能够拿出足够的见面时间，从来不会两周以上不见面。尽管我们谈的显然是异地恋……但我们成功了。"

分离之前，两人比对了各自的日程安排，结果发现当年秋天显然是梅根比较忙，她要拍电视剧，要代表雷特曼推广自己的时装新品，还要发博客，做公益。早在哈里走进她的生活之前，她就经常要到网上发掘 The Tig 的灵感素材，直到后半夜才休息。现在，她更是忙上加忙。

回到伦敦后，哈里的王室日常生活马上再次开始。9月15日，他在女王的苏格兰高地产业巴尔默勒尔庄园庆祝了自己的32岁生日，之后又去阿伯丁参加了戴安娜王妃纪念基金会的活动，这家以他母亲的名字设立的慈善机构旨在表彰对所在社区作出贡献的青年人。

与此同时，在9月的最后一个周末，梅根第二次前往加拿大首都渥太华参加世界青年领袖峰会。这家非营利组织得到了梅根的大力支持："他们为违反人权的行为、环境危机、性别不平等议题、歧视和不公正勇敢发声。他们就是改变的代表。"在2014年的都柏林峰会上，她加入了峰会的顾问理事会，其他著名成员包括前爱尔兰总统玛丽·罗宾逊、加拿大总理贾斯汀·特鲁多、演员艾玛·沃森、前联合国秘书长科菲·安南、诗人兼活动家法蒂玛·布托、歌手雪儿，等等。《名利场》摄影师杰森·施密特请她与玛丽·罗宾逊、法蒂玛·布托和沙特阿拉伯活动家卢杰恩·哈塔勒尔在渥太华国会大厦前合影留念，此举彰显了梅根的地位。

在会议中心内，梅根面对两性平权论坛的参与者进行了一次脱稿讲话，内容是她当年去质问《金装律师》的主创，说编剧写了太多她扮演的角色蕾切尔·扎恩半裸出浴、身上只披着一件浴巾开场的场景。这种不必要的性别歧视行为被叫停了。她的控诉要比由哈维·温斯坦丑闻曝光从而引发反抗好莱坞对待女性方式的MeToo运动早好几年。尽管自己在工作中也有难处，但她承认，当她向大家介绍活动家卢宛·艾斯迪法诺斯（Luwam Estifanos）时感到自愧不如、紧张甚至有些情绪失控。不久前，卢宛勇敢地逃脱了在厄立特里亚终生受奴役的命运，如今正在努力结束祖国这种由政府支持的性奴绑架行为。

梅根在大会的亮相提醒哈里，他的约会对象是一位不寻常的女子，是"值得守护的人"。

与王子重聚后不久，她就来到了伦敦。由于隐私是第一要务，他们住在肯辛顿宫属于哈里的朴素王室别墅中。肯辛顿宫最为人铭记的一件事就是1997年戴安娜王妃缅怀活动期间，上千人在宫内铺上了鲜花。它大概是全英国最与世隔绝的村庄了，宫内住着包括剑桥公爵夫妇及其子女、现任及离休王室服务人员在内的各类王室成员。与任何村庄一样，这里是八卦和流言的温床，但大多数情况下不会传到肯辛顿之外。

如果梅根希望在富丽堂皇的宫殿里入睡的话，她肯定要大失所望。哈里的诺丁汉别墅比她的多伦多居所还要小，连天花板都更低。威廉王子和凯特平时住在宽敞的时钟中庭1A号公寓，也就是玛格丽特公主生前的住所；公寓翻新期间，两人曾暂住诺丁汉别墅。诺丁汉别墅舒适而整洁，宫内通称"Notts Cott"，有两间卧室、两间浴室、两间接待室和一座小花园。到了夏天，别墅会给人一种身处英国乡村的感觉，这或许能解释为什么哈里入住后做的第一件事就是在花园里安了个吊床。

它还有一个优点就是隐秘安全，出入口24小时有武装警察监控。有空的时候，他们就在这里开启了安静隐秘、无人打扰的同居生活。梅根回忆道："就我们的关系而言，我觉得不适合用风波来形容。我们恋爱了五六个月却不为外人所知，那段日子美好极了。当然，之后公众逐渐知道了这件事。"

幸运的是，肯辛顿宫位于一座庞大公园的中央，这就意味着梅根可以沿着林荫大道跑步——用她的话说，是"运动冥想"——也可以去肯辛顿大街逛街购物。假如她知道自己走进源于美国的全食超市时受到了雷达监控，她肯定会大吃一惊。

肯辛顿宫不仅远离梅根的家乡，更带来了一次文化冲击。除了安全措施以外，王室成员的实用主义生活方式也让她感到惊讶。就拿食物来说吧，王室的规矩是，进食只是维生的手段，而非生活的目的，大家都要严格控制饮食，保证体型和体重不发生变化。有一次，菲利普亲王看着大儿子亲手种出来的一篮子食材时，对御厨达兰·欧格雷蒂说："该死的有机食品。"

哈里小时候，妈妈带他去麦当劳吃一个汉堡就算不错了。大多数情况下，他都是吃寄宿学校的食堂菜；之后参军，那更是有什么吃什么，尤其是在阿富汗服役期间。哈里家的规矩是，只要女王吃完饭，其他人就都不能继续吃了，御厨们会把饭菜都收走，哪怕在正式场合也是如此。女王放下刀叉就是撤掉所有盘子的信号，丝毫不给人细嚼慢咽的机会。

尽管每一位王室成员都有自己的饮食癖好，但似乎没有一个人喜欢下厨，尽管菲利普亲王在巴尔默勒尔庄园居住时喜欢自己烤肉。梅根则来自食物链的另一段：她喜欢下厨，喜欢探索新食物，尝试新口味。和哈里谈恋爱的头几个月里，梅根经常在博客 The Tig 里发菜谱，比如南瓜奶酪火锅、橙汁炖梨、字母澳新军团饼干、红酒热巧克力。她喜欢找人试菜，哈里王子就成了她的"小白鼠"。

梅根还盛赞由"保健领域的行业专家、意见领袖和领军人物"担任品牌大使的"农场直送服务"。或许不让菲利普亲王知道这个消息是明智的选择。

梅根鼓动哈里探索新口味，于是给他的冰箱来了个大改造。

每次离开前，梅根都要往冰箱里放上鹰嘴豆酱、胡萝卜、蔬菜汁、杏仁和奇亚籽布丁。这场加州与肯辛顿的饮食角力只能有一位胜利者。正如一位观察家所说："美国女人喜欢在许多细节方面改变她们的男人。"

不过，他们绝不是宫廷的囚徒。哈里无疑在心里说过，如果他的母亲能够与心外科医生哈斯纳特·汗长期保持地下恋情，他和梅根也能做到。他们喜欢悄悄去看音乐剧《狮子王》，还有去圣詹姆斯宫拜访约克公爵夫人的女儿尤金妮公主和即将与她结婚的杰克·布鲁克斯班克。

"尤金妮和梅根结下了深厚的友谊，她们都喜欢艺术、狗和奶酪通心粉夜宵，"哈里王子夫妇的一位朋友后来透露，"尤金妮特别喜欢梅根，认为她是哈里的理想妻子。"王子也在谨慎地将她介绍给自己最亲近的朋友，特别是休·范·卡特塞姆、罗斯·阿斯特、他的同窗好友汤姆·英斯基普（绰号"斯基皮"）和汤姆的妻子——一头火红头发的劳拉·休斯-杨。威廉王子很早就考察过了弟弟最新的女朋友，哈里和梅根经常去威廉一家在肯辛顿宫内不远处的寓所去探望公爵夫妇及其子女——乔治王子和夏洛特公主。

他们还会去伦敦西南部的美食酒吧 The Sands End（沙滩尽头）。这家店的老板是哈里的"干爸"和导师马克·戴尔。看到哈里经过多年漂泊及偶尔放荡的生活后终于找到了一个好姑娘，戴尔特别欣慰。马克来自得克萨斯州的妻子阿曼达·克兰也帮梅根推荐了理发师、美甲师和美容师等，这些事情看起来小，对演员来说却是大事。

"梅根从一开始就很喜欢她,"戴尔夫妇的一位朋友观察道,"她同样来自美国,而且特别活泼善良——而且,哈里对戴尔夫妇也完全信任。"

一个周末,哈里和梅根前往 Soho House 旗下的牛津郡科茨沃尔德农舍式旅馆——这是一处别具风味的出行目的地。每天夜里,一辆鸡尾酒餐车都会在室内客房和室外木屋面前走一圈,给住客送马天尼鸡尾酒——给哈里的则是陈年苏格兰威士忌。下榻 Soho 农舍式旅馆期间,Soho House 创始人尼克·琼斯将梅根引见给音乐家理查德·琼斯,他是歌手苏菲·埃利斯-巴克斯托的丈夫,梅根曾在 2015 年 Soho House 伊斯坦布尔店的开幕式上见过苏菲。理查德是一名热心的业余飞行员,他对梅根说:"我给你看看怎么开飞机吧。"他后来对《每日邮报》说:"她马上就同意了。我带她上了飞机,她特别喜欢。她棒极了,有天赋,我们飞越了科茨沃尔德。"

2015 年 10 月 11 日,她登上了一架比理查德·琼斯的单螺旋桨飞机大得多的飞机,从伦敦飞往佐治亚州的亚特兰大,应邀在一次针对希望建立人脉、学习如何利用数字空间的千禧世代女性召开的博主大会上发言。她在台上与 Create and Cultivate(创造与培养)平台的创始人杰奎琳·约翰逊进行了 35 分钟的座谈,她介绍了自己的互联网运营心得,还明确表示自己准备扩大 The Tig 的规模。现在,她的"心肝"已经会走路了,需要不断地补充养料。用她自己的话说,她就是"志向远大的邻家女孩",而这个"邻家女孩"需要帮助。显然,她想要平衡网站和私人生活之间的关系,但还没有认真考虑过王子男友能带来怎样的变化。

在这次录音谈话中,她还向台下的粉丝们介绍了自己风风火火的生活,承认自己是前一天晚上刚刚从伦敦飞过来的,会后还要飞往多伦多拍摄《金装律师》第六季的3集。这番讲话让观众叹服于她的坦诚和聪慧。"有魅力,有智慧,从容面对各种状况。梅根就是当代女性的定义。"杰奎琳·约翰逊写道。

梅根的拍摄工作结束后,哈里马上来多伦多找她。梅根随时准备上镜,经常下身穿牛仔裤或斜纹布裤,上身穿定制夹克衫,肩披山羊绒围巾,坐在商务舱里一边静静地阅读《经济学人》杂志,一边用设计师品牌耳机听小饼干、克里斯汀或皇后乐队的歌。与她不同,哈里是一个头戴毛线帽的男生,旅行时低垂着头,避免与人发生眼神接触。幸好,安大略省首府与伦敦、巴黎和纽约不同,那里没有狗仔队,因此两人的生活可以放松一些,而且又能躲开公众和媒体的眼光继续谈恋爱了。

现在,梅根住在富人区西顿村的一座房子里,除了屋外林荫街道旁停着一辆载着便衣警察的不显眼的SUV以外,这里看不出有一名王室成员来访的样子。

梅根的开放式住宅采用木地板和浅色墙面,给人一种身在南加州的感觉,在10月份萧索的多伦多,能做到这一点实在是不容易。与内饰偏向实用的诺丁汉别墅不同,梅根租来的房子有着恰到好处的奢华感,有一间放映室、一间高规格厨房兼餐厅、三间卧室和两间浴室。她领养的两条狗博加特和盖伊是家里的老大,尽管外面有狗舍,但它们还是经常上梅根的大床睡觉。哈里来住的时候,她总会给两条狗穿上联合王国国旗图案的毛衣,她买毛衫的目的就是为了逗王子开心。

梅根还会请熟识的朋友，比如本·穆罗尼及其妻子杰西卡来室外小阳台吃烧烤，或者一起去 Soho House 喝几杯。

Soho House 坐落于多伦多西部阿德莱德街的一座乔治王风格的别致建筑中，它为两人和梅根的朋友提供了一处隐秘舒适的饮酒休闲的场所。在这里，他们可以享用意大利菜肴，也可以到屋顶天台上饱览市中心的天际线。

两人的大部分时间只是悠闲度日，梅根会为王子烹制符合他口味的食品，主要是意面和她的招牌烤鸡。万圣节那天，梅根的雷特曼个人款系列时装即将上市时，他们与来加拿大度假的尤金妮公主和杰克·布鲁克斯班克在 Soho House 共进晚餐，之后哈里戴上面具，跟女朋友玩起了"不给糖就捣蛋"的游戏。

这一晚的欢乐真是肆无忌惮，但两人的秘密恋情即将结束——梅根和哈里就要摘下"面具"了。

第十一章

公开恋情

2016年10月底的一天，天气寒冷却阳光灿烂，《星期日快报》王室版编辑卡米拉·托米尼正在为参加周日足球比赛的小儿子哈里加油助威。6岁的小哈里得分了，作为母亲的她也很高兴。

几小时前，小哈里的母亲也得了一分，她发出了她从业以来最重磅的王室新闻。这篇打出"王室独家新闻"招牌的文章标题是《哈里王子与电视明星的地下恋情》，文中写到，哈里王子"正在与一位迷人的美国女演员、模特和人权活动家秘密交往"。接下来，文章详细讲述了女王的孙子和《金装律师》主演梅根·马克尔的恋爱经历，并引用一位知情人士的话说，那是哈里多年来最幸福的一段日子。

她的主编马丁·汤森同样欣喜而激动，将这篇王室独家新闻转载到了《星期日快报》的姐妹报刊《星星日报周日版》。

报道的料很猛，卡米拉对信息来源也是绝对自信。《星期日快报》一度决定不给肯辛顿宫媒体办公室例行致电通知，生怕官方发表声明坏了他们的好事。

这就仿佛回到了当年英国报界大本营舰队街的日子。正常来说，各家周日发行的报纸有一份互相交流头版内容的君子协定，这样一来，如果别家报纸漏掉了新闻，还有机会在头版之后补上。今晚不是这样。汤森决定故意晚印头版，免得被别家报纸分一杯羹。周六深夜，消息传出，《星期日快报》出了"大新闻"，忙乱的记者把肯辛顿宫的电话都打爆了。面对卡米拉愤愤不平的竞争对手，当值新闻官的回答是"无可奉告"。哈里王子的公关负责人杰森·克璐夫是一位咄咄逼人的美国人，他私下里不情愿地承认，那篇文章说的确实是真的。

《星期日快报》报道发出后的几分钟内，世界各地的博主、热衷于王室新闻的人、《金装律师》的粉丝和网络报刊纷纷出动，社交媒体炸开了锅。梅根·马克尔一夜之间从不温不火的女演员成了全世界最有名的人物之一。

报道发布时，哈里正和梅根一起在多伦多。当他接到杰森·克璐夫的电话，通知他们地下恋情曝光的消息时，他和梅根分别给自己倒了一杯葡萄酒，碰杯庆祝。但是，庆祝归庆祝，他们也需要警醒。哈里告诉梅根，"我们的生活永远不会和过去一样了"。

最起码，他们不用再躲躲藏藏了。对于这次人生的剧变，女演员也没有失去自己那坏坏的幽默感。恋情曝光几小时后，她就在 Instagram 账号上发了一张令人费解的图片，图中是两根抱在一起的香蕉，配文是"睡个好觉，亲亲"。照片中的两只香蕉并排躺着，活像一对勺子，赢得了粉丝的几千个赞，粉丝们很快就明白了她在暗示什么。一名用户的回复是"梅根·马克尔王妃"，另一条回复则是："你指的是姜黄色头发的王子男友吗？"

她还发了另一张幽默图片，图中是一杯英国早餐茶和一片拼图，或许指的是两人的室内活动。但是，轻松的心态并没有持续多久。

电影《诺丁山》中有一个著名场景：茱莉娅·罗伯茨饰演的著名女演员推开书商男友（休·格兰特饰）家的大门，却发现了一大帮埋伏好的摄影师和记者。罗伯茨马上把门关好，走进屋内。当梅根身穿长外套，戴着毛线帽和墨镜，冲出前门，闯过大批媒体记者冲进等着载她去《金装律师》片场的面包车时，她大概也和茱莉娅有同感。哈里神通广大，在梅根出门之前就离开了，并且已经乘坐飞机返回了伦敦。

梅根或许对宣传活动、论坛和讲台有不少经验，但没有任何经验能让她对袭来的声浪和冲击波作好准备。

几天之内，纸媒和网媒纷纷将她描绘成"拜金女"，她在《金装律师》里的"下流性场景"也登上了色情网站。一篇报道暗示，哈里王子要为梅根和大厨科利·维蒂耶洛的分手负责。还有一篇报道说，王子给梅根发了无数条短信，直到她同意跟自己约会。

评论界也是热闹非凡。时任英国外交大臣鲍里斯·约翰逊的妹妹、专栏作家蕾切尔·约翰逊将梅根的母亲多莉亚形容为"出身低贱，梳着脏辫的非裔美国女人"。她在后面继续写道："如果说她与哈里王子的所谓结合有什么问题的话，那就是：凭借内涵丰富的异域DNA，如水般稀薄的温莎王室蓝血可以浓厚一些，来自斯宾塞家的苍白皮肤和姜黄色头发也可以加深一下颜色。"

"哈里王子可以与黑帮王朝联姻——他的新爱人出身于犯罪率奇高的洛杉矶地区。"另一篇文章如是声称。还有报道暗示，梅根的母亲生活在高犯罪率地区，身边都是"血腥抢劫和毒品引发的暴力"。

这些报道吹响了网络种族歧视行动的号角。几天之内，梅根蒙受的种族歧视和性别歧视就远远超过了之前她所经历过的一切。尽管她过去几年里一直在探讨这些议题，撰写相关文章，但她从没承受过这样的打击。身为活动家、人道主义者和女性的梅根变成了一幅扁平的漫画，这并不准确，也不友善。正如传记作家萨姆·卡什纳所写："针对马克尔的批评一贯是高高在上、带有种族歧视且毫无实据的。"

我们不禁想起安德鲁王子和美国女演员凯特琳·史塔克（昵称"库库"）恋爱时的往事。当她曾主演过情色片的消息曝光时，舆论一时哗然，公众大惊失色。不过，当年还没有互联网。这一次，Twitter、Facebook、网络论坛和评论版赋予了全世界。

梅根对每次出门就会遇到摄影师搭讪的母亲，以及一头雾水、不知道该对媒体说什么的朋友们表示歉意，然而就在这时，她家的后院起了"火"。

她同父异母的姐姐萨曼莎（原名伊冯娜）似乎特别喜欢蹭妹妹的热度。她用"自私自利"来形容已经多年未见的梅根，批判她是一个浅薄的、只想往上爬的人，而且"姜黄色头发是她的软肋"。身患多发性硬化症、终日困居轮椅的萨曼莎在接受《太阳报》采访时又说，她同父异母的妹妹的举止"配不上王室"，谴责梅根成名后就多年不理家人。她先说同父异母的妹妹被好莱坞改变了，接着宣布自己准备写一本关于梅根和梅根家族的书，书名就叫《女强人王妃妹妹的日记》。

然后，梅根同父异母的哥哥小汤姆·马克尔的儿子泰勒·杜利也插了进来，宣称梅根现在过得很幸福，还说姑姑萨曼莎的谴责"伤害"并"刺痛"了她。别的不说，这些大相径庭的评论给人的感觉是：梅根一家人关系不好。

有报道说，哈里最担心的事情发生了：梅根爱上他是一个错误。现在，她和她的家人、朋友都注定要蒙受痛苦。哈里和梅根从头到尾没有发言，肯辛顿宫也是守口如瓶。但是，媒体乱象不会持续多久了。一篇标题放肆的报道——《迷上小妖精梅根》可能起到了推动性作用。文中写到，梅根与特雷弗·恩格尔森婚姻破裂的原因是她和加拿大冰球明星迈克尔·德佐托走得太近。尽管德佐托和他的经纪人坚决否认，但哈里还是决定采取行动。他联系了哥哥，威廉当年与凯特·米德尔顿谈恋爱时也经受过类似的媒体骚扰。兄弟俩细细梳理了问题。尽管威廉对发表声明持谨慎态度，因为发表声明就会确认梅根是哈里的女友，但他也觉得事情已经太过火了，他们不能继续保持沉默。与父亲不同，威廉和哈里并不是奉行"从不抱怨，从不辩解"这条格言的老派王室成员。他们之前都曾积极运用法律武器来制裁越界的摄影师和侵犯隐私的媒体。哈里甚至提议雇用一位苏格兰场退役安保警官来看护梅根，梅根则觉得这个想法"很好，但没有必要"。不过，为了保护手中宝贵的资产，《金装律师》制片方还是雇用了一批保镖，加强片场警戒，接送梅根上班。

身处媒体谣言的中心，哈里王子的公关负责人杰森·克瑙夫起草了一份长篇声明，以表达哈里的担忧和不满。声明完全没有掩饰愤怒和难过之情，那是一名年轻男子努力保护心爱女人、捍卫两人未来生活的呐喊。11月8日，肯辛顿宫正式发表了这份不同寻常的声明。文中承认公众对王子的私人生活不免会好奇，但是，过去的一周"已经越界了"。

  王子的女友梅根·马克尔遭到了辱骂和骚扰，其中一部分属于公共发言——一份全国性报纸在头版头条诽谤她，多篇社论中隐含针对她的种族歧视论调，还有社交媒体和网络文章评论区里赤裸裸的种族和性别歧视言论。

  另一部分则是公众看不到的——为了避免诽谤报道见报，律师要在深夜鏖战；为了走到自家大门前，她的母亲要从摄影师中间挤出一条路；摄影师和记者想非法闯入她的住宅，她不得不叫来了警察；为了挖到猛料，报纸纷纷出大钱收买她的前男友；几乎她的每一个朋友、同事和她所爱的人都遭到了媒体轰炸。

  哈里王子对马克尔女士的安全表示担忧，并对自己未能保护她感到深深的失望。

  马克尔女士只是与他谈了几个月的恋爱，她不应该遭受这样的冲击。

  他知道，媒体会说这是"她必须付出的代价"，"这都是游戏的一部分"。

  他对这些看法表示强烈反对。这不是一场游戏——而是她的生活，也是他的生活。

尽管王子的声明有助于平息这出闹剧，但他既然正式确认梅根是自己的女朋友，这就意味着所有媒体，不只是英国小报，现在都将梅根视为可能的王妃人选。全球各地的图片编辑们纷纷到档案库里查找这位最新的准英国王室成员的照片。一张她身穿婚纱的《金装律师》剧照无疑是天降甘露。

她与王室的亲近关系得到官方确认这件事，成为新热点，多家报纸报道了假消息，说梅根参加了哈里在巴尔默勒尔庄园举办的32岁庆生活动，还说她在苏格兰高地时就见到了查尔斯王子，而且查尔斯觉得她"很迷人"。

故事虽然是假的，大方向却是对的。梅根确实得到了王室的接纳。2016年11月10日，戴安娜王妃生前密友、资深记者理查德·凯看到梅根正拿着全食超市的两大袋食材走在路上。

他尾随她回到肯辛顿宫。只见她招手让警卫放自己进去，这显然表明她和王位第五顺位（现在是第六顺位）继承人的关系是"来真"的。凯认为："马克尔小姐来访的时机特别重要，起码有一条，当哈里向她公开示爱的时候，她人就在英国。"

还有一件事更能说明问题。梅根与哈里在一起待了仅仅两日就飞回了多伦多，继续拍摄《金装律师》。她要赶在男朋友踏上为期两周的加勒比海官方访问之前来见他一面。

访问期间，他要代表女王参加巴巴多斯、圭亚那、安提瓜和巴布达的独立日庆祝活动。这是一次对毅力的考验——他知道，祖母会关注自己的表现，因为这是他第一次代表女王陛下出访海外。事实证明，这次官方访问的意义要比他当时意识到的更大。

他在巴巴多斯与娱乐巨星蕾哈娜一起做了艾滋病检测，在圣文森特和格林纳丁斯为菲德尔·卡斯特罗静默 1 分钟，还在圣卢西亚打了板球。

在一场 300 人出席的招待会上，安提瓜和巴布达总理加斯东·布朗提议哈里和梅根来岛上度蜜月，哈里保持了冷静。据报道，总理是这样说的："我相信我们很快就会有一位新王妃了。我们很欢迎你们来这里度蜜月。"后来，哈里被引见给一群衣着暴露的模特，别人告诉他："这里没有透风的墙。别担心。"王子当时没说什么，但后来对侍从说，他觉得那件事"特别恶心"。

梅根并不担心。他经常跟她在 Skype 上交流，报告独自出访的行程。媒体依然对他穷追猛打，正如王室新闻编辑卡米拉·托米尼所说："美国女友梅根·马克尔给他上了根弦，实话说，哈里王子以前很少有如此举止得体的时候。"

"他代表女王出访海外时表现得很自在，不怯场。他真是长大了。"

尽管官方向在场媒体保证，王子结束访问后会直接回伦敦，但这只是幌子。实际上，哈里要绕道 2 700 千米，去梅根在多伦多的寓所，跟她共度宝贵的几小时。梅根上传了一张自拍照，照片中她戴着一条带有 M 和 H 字母图案的项链，还有一张宠物比格犬盖伊身穿英国国旗图案的毛衣，这时候她的粉丝们就感觉哈里要过去了。盛大的王室恋情第一次通过社交媒体呈现在世界眼前。不过这条渠道不久就要关闭了。

王子 48 小时内就要飞回伦敦。落地后他刚刚冲了个澡，便走上伦敦市中心参加游行去了,游行期间还要接电话,来电者是要求举办年度慈善募捐活动的,其中部分款项将划给王子主持的勿忘我基金会。他打电话时还不忘开开玩笑。

接下来的周末,哈里和朋友们去德国巴伐利亚州的厄廷根城堡玩射击,然后回国与梅根团聚。12月初,梅根来到诺丁汉别墅住了一个星期。

两人第一次共同选购了圣诞树,地点位于巴特西的松树与松针园艺中心,工作人员送了两人一束槲寄生*,以此祝他们好运。两人戴着蓝色情侣毛线帽遮挡面容,基本躲开了狗仔队。他们走进剧院观看了滑稽闹剧《小飞侠完蛋了》,之后又看了基于马克·哈登同名小说改编的精彩舞台剧《深夜小狗神秘习题》。

尽管他们很想共度圣诞节,但王室传统横插了一杠。每年,王室大家族都要在位于诺福克郡、面积达80平方千米的女王产业桑德灵厄姆庄园聚会,男女朋友不得参加。

不过,有人看到两人在元旦共同出现在诺丁汉别墅,1月2日又飞往北极圈边缘的挪威北部偏僻小镇特罗姆瑟,欣赏令人叹为观止的北极光。

即便幸福的小情侣还没有作好许下婚约的准备,但他们和其他人都要为将来作好打算了。在《金装律师》主创亚伦·科尔什看来,梅根的私人生活如今已经压倒了她的角色蕾切尔·扎恩。为她着想,她应该从这部热播剧集中退场了。他后来告诉BBC:

---

* 槲寄生下的亲吻代表恋人一生对爱情的忠贞。

"我要当机立断，因为我不想用这样的问题打扰她：'你们俩最近进展怎么样？你们准备怎么办呀？'于是，我和编剧们决定赌一把：他们两人是真心相爱，会终成眷属。"哈里的演员前女友克雷茜达·博纳斯早就发现，与王子恋爱就要在事业方面付出高昂的代价。假如梅根与哈里的恋情告吹，她就会失业。这是一场代价很大的恋情，每过去一周，她的事业都会受到影响。

说实话，梅根现在已经是准王妃了，她充满暗示性地把手放在荧屏恋人帕特里克·J.亚当斯的膝盖上，与他拥抱的画面，观众还能看多久呢？有一位粉丝问亚当斯："在屏幕上与准王妃亲热是什么感觉？"他冷冰冰地答道："与她成为准王妃之前一样。"

话虽如此，梅根和亚当斯已经在热播电视剧《金装律师》中对戏100多集了，她也该功成身退了。哪怕梅根也有同感，个人生活已经替她作出了职业选择。

亚当斯后来对《好莱坞报道》杂志说："我们都知道自己是时候退场了，这是自然而然的，用不着挑明，我们一起拍的最后几集真是愉快极了。我们都知道那就是永别。剧中的每一幕因此都有了特殊的意义。我们度过了一段美好的时光，满满的欢乐。即使是那些我们对这部戏不满的地方也给我们留下了欢笑，讨论时也感叹事情发展到这一步真是出人意料。"

趁着她还在剧组的机会，制片人乐于利用她与王室的关系和最近的热度来推广剧集。当年2月，她还被 TATLER 杂志列为"最炙手可热的晚宴嘉宾"第4名。一部预告片用"近乎王室风范"来形容剧中的角色，另一部则播出了梅根前一季里穿婚纱的剧照。

其他人也有同样的想法。首映于 2015 年的英国硬核犯罪电影《反社会分子》推出了"特别版"，宣发活动中将梅根的名字置于显著位置。在电影中，她扮演的时装模特柯尔斯腾在一个场景中身披浴巾走出浴室，边喝香槟，边和银幕恋人接吻。特雷弗·恩格尔森有不少朋友知道他当初一直不愿意让梅根出演自己担任制片人的电影，如今都过来无情地嘲讽这位好莱坞制片人，说他的片子要是有梅根在里面，现在出个新版准能赚大钱。"他的心里全是窟窿。"他的一位朋友告诉我。

对于梅根而言，The Tig 曾经是她的全世界。她看着它从一个小小的独角秀网站成长为她的个人品牌，代表着她优雅、精致，同时又富有冒险精神的人生观。The Tig 洋溢着正能量和女性主义思想，且总是包含着严肃的观点，不论是性别平权还是人权方面。正如她常说的那样，The Tig 就是她的"梦想小车头"。现在，她意识到，只要她还想留在王室圈子里，博客就只能关闭。她的照片、评论、推荐和想法都会被人拿来断章取义，再同哈里王子或王室家族联系起来。她不再是博主梅根了，而是一个男人的另一半，那个男人是她想要共度余生的人，也是王位的第五（现在是第六）顺位继承人。规矩要变一变了，尽管她可能表达过抗议和质疑，但她也承认，如果她想和王子走下去的话，她就必须大幅调整 The Tig 的内容。

这是梅根面临的第一道重大现实考验。如果两人的恋情进一步发展到订婚的阶段，那么她就必须从整体上反思自己的网络形象。一位朋友说："她想要撤回之前发在网上的个人生活信息，包括社交媒体和网站上的那些。如果这就是她为了修成正果而必须付出的代价,她会毫不犹豫地去做。"

但是,说起来容易,做起来要难得多。例如,2017年1月,她作为加拿大世界宣明会的全球大使飞往印度,进行为期5天的贫困儿童调查活动,重点调查贫民窟少女辍学的原因。这个问题的一部分答案在于女孩上中学的时候就开始来月经了,而当地学校没有帮助她们应对这种完全正常的生理变化的条件。于是,感到羞耻的女孩就不去上学了。梅根觉得,这个隐私问题只要通过恰当使用卫生用品就能轻松解决。她认为这些问题可以很简单,临行前她在亚特兰大对听众说,参与人道主义事业让她感觉自己的生活更"平衡"了。梅根最近在国际上出了名,她的观点也有了更广大的听众。《时代》杂志3月刊登了一篇她写的文章,内容就是她前往新德里和孟买调查月经对上百万名少女前途命运的影响。

不过,她的人道主义活动也是个棘手的问题。从原则上讲,王室或许不会反对她热衷的事业,但这些活动不能打着王室的招牌。简而言之,她是"王室集团公司"下的自由职业者。

这必然会引发冲突。梅根必须自己扭转思想和情绪状态。The Tig 的本意是女性赋能和推动性别平等。然而,她也认识到,人们对她的博客和 Instagram 产生的浓厚兴趣与她的成就无关,而主要与她在和一个权威和影响力完全来源于出身的男人交往有关。梅根明白其中的讽刺意味,她不是傻瓜。她明白,从长远来看,她与哈里王子的关系能够让更多人看到她关于自己看重的议题的思考。不过这个代价就是放弃自己的宝贝网站。2017年3月初,她

左图：2008年，梅根与父亲赴新墨西哥州参加同父异母的姐姐萨曼莎的毕业典礼，萨曼莎获得了新墨西哥大学的犯罪学学位。在这期间，梅根见到了父亲的第一任妻子洛斯琳·洛夫莱斯和萨曼莎的女儿诺埃尔·拉斯穆森，之后梅根再也没有见过同父异母的姐姐。

下图：2011年的一个周末，梅根在牙买加举行了旅行婚礼。图中是她和她的母亲多莉亚。

左图：梅根是纽约时装周的常客。在2013年9月的特雷西·里斯秀场上，梅根身穿这位设计师出品的鲜艳印花长裙亮相。

下图：加入《金装律师》前，梅根出演的最后一个小角色是喜剧片《恶老板》中一名迷人的联邦快递送货员，和她演对手戏的是色眯眯的喜剧演员杰森·苏德基斯。拍摄期间，她遇到了她的偶像唐纳德·萨瑟兰。

上图：梅根担任 2013 年慈善日筹款活动的接线员。一年一度的慈善日活动由金融服务商康托尔－菲茨杰拉德公司主办，以此纪念"9·11"恐怖袭击中丧生的伙伴与同事。

下图：2014 年巡回义演期间，梅根在规模宏大的阿富汗巴格兰机场合影留念。从左至右依次为：华盛顿国民队投球手道格·菲斯特、梅根、马克尔、喜剧演员罗珀·里格尔、乡村音乐歌手凯利·皮克勒尔、演员戴安娜·阿格龙与芝加哥熊队退役后卫布莱恩·厄拉赫。

上图：2014年12月6日，梅根参加联合服务组织巡演期间登上"罗斯号"驱逐舰，左为芝加哥熊队退役后卫布莱恩·厄拉赫，右为华盛顿国民队投手道格·菲斯特。

下图：2014年爱尔兰都柏林世界青年领袖峰会，梅根应邀就性别平权与人权问题发表讲话。

上图:《金装律师》拍摄间歇期,梅根与克里斯托弗·贾科共同主演贺曼国际电影频道于 2014 年制作的电影《爱在烟花绽放时》。

右图:2014 年 12 月,梅根与名厨男友科利·维蒂耶洛参加在迈阿密巴塞尔举办的时尚活动。

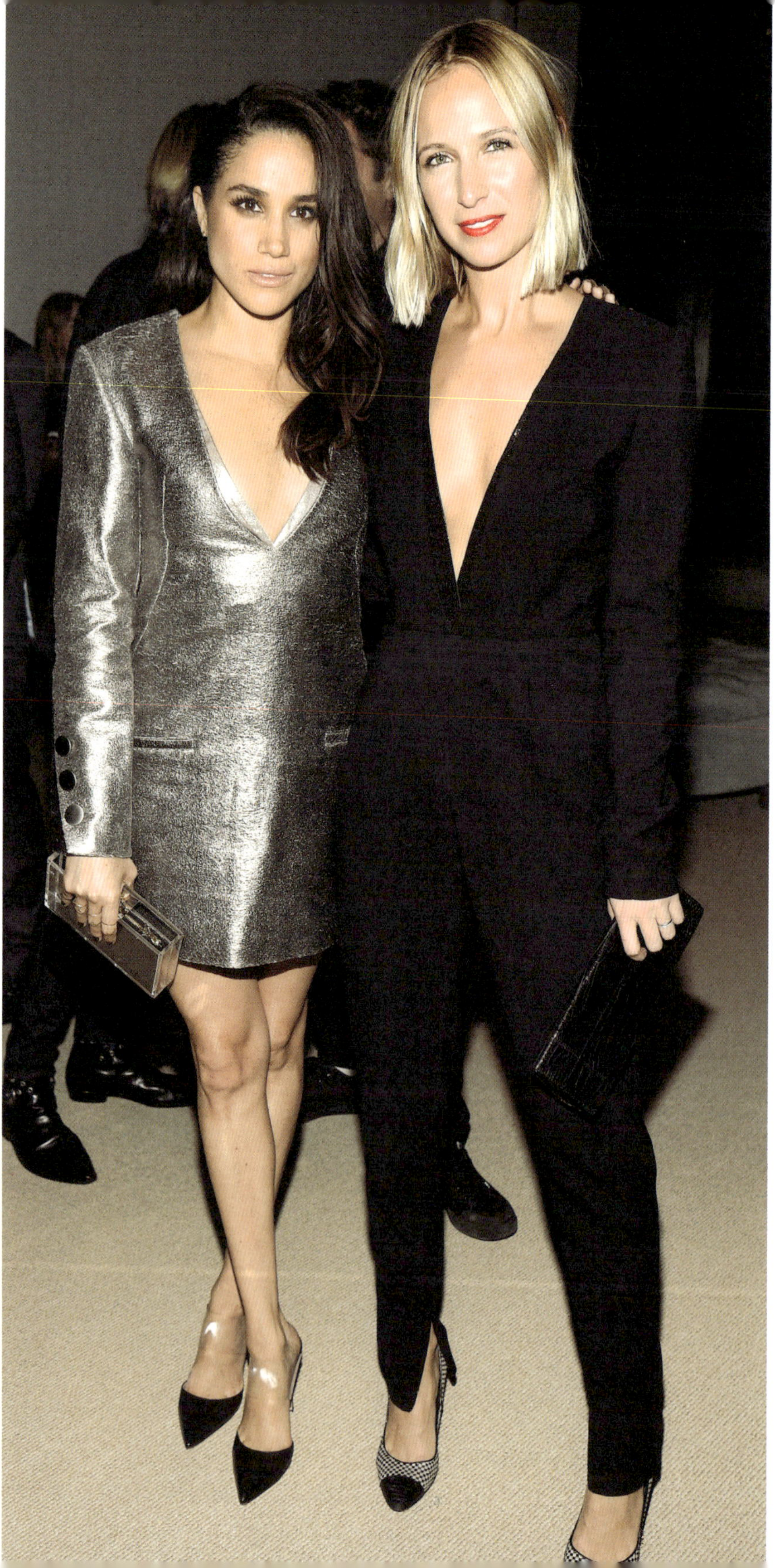

上图：2017 年，哈里王子与梅根二赴博茨瓦纳，庆祝她的 36 岁生日，两人在鳄鱼齿露营地短暂停留，之后驱车 8 小时前往世界自然奇观——维多利亚大瀑布。

上页：2015 年 11 月 2 日，梅根与米沙·努努在纽约参加第十二届年度 CDFA/Vogue 时尚基金会颁奖典礼。梅根身着由努努设计的裙装。

2016年，梅根在温布尔登体育场身穿昂贵的拉夫黑色绒面革连衣裙，观看朋友赛琳娜·威廉姆斯的比赛。比赛被阵雨打断时，与梅根同在球员包厢的时尚杂志主编安娜·温图尔借给她一件毛衣，以免连衣裙淋湿。

上图：2015年3月10日，梅根作为新任联合国促进女性参政与领导力使者在联合国妇女署发表讲话，广受好评。梅根回忆自己11岁给宝洁公司写信投诉性别歧视的广告时，她的母亲多莉亚与希拉里·克林顿就在台下倾听。

下图：2017年1月，梅根最后一次参加加拿大世界宣明会的活动，前往印度宣传推动年轻女性教育事业，强调经期卫生用品和男女厕分设对鼓励女童读书的重要性。

左图：时尚雅致的梅根出席在纽约市中心举行的美国在线论坛，讨论她在大热律政剧《金装律师》中扮演的角色。

下图：2017年6月5日奥迪马球挑战赛，梅根陪同哈里王子的导师马克·戴尔及其妻子阿曼达观看王子比赛。戴尔之前是威尔士亲王查尔斯的侍从，帮哈里安排了间隔年的莱索托之行，并大力协助王子成立了旨在帮助未成年艾滋病患者的勿忘我（Sentebale）慈善机构。

左图：梅根的母亲多莉亚·拉格兰、梅根与哈里王子参加多伦多"不屈不挠"运动会闭幕式。梅根的亮相意味着几周之内订婚消息就会公布。

下图：2017年9月25日，梅根与哈里王子正式共同出席"不屈不挠"运动会，引发媒体热潮。摄影师被提前通知，在两人牵手走入多伦多体育场时不许起身。哈里与梅根彼此爱抚手臂私语，还与选手家属聊天，大出风头。

左图：2017年11月27日订婚消息公布后，哈里王子与梅根在肯辛顿宫下沉花园拍照。下沉花园是戴安娜王妃生前最喜欢的地方之一。

下图：2017年12月1日，哈里王子与梅根·马克尔来到诺丁汉，这是两人第一次共同正式出访。梅根与群众握手聊天气话题，轻松中略有紧张。

圣诞节当日，梅根与未来的公公和婆婆到桑德灵厄姆的圣玛利亚莫得林教堂参加仪式。此举打破了王室传统，因为以往只有已婚夫妇或单身王室成员有权参加王室家庭聚会。女王从教堂走出，返回桑德灵厄姆宫，包括梅根在内的王室女眷向其简短行礼。梅根未来的妯娌凯特·米德尔顿行礼轻松自如，梅根却将僵硬得多，表明她还需要多加练习。

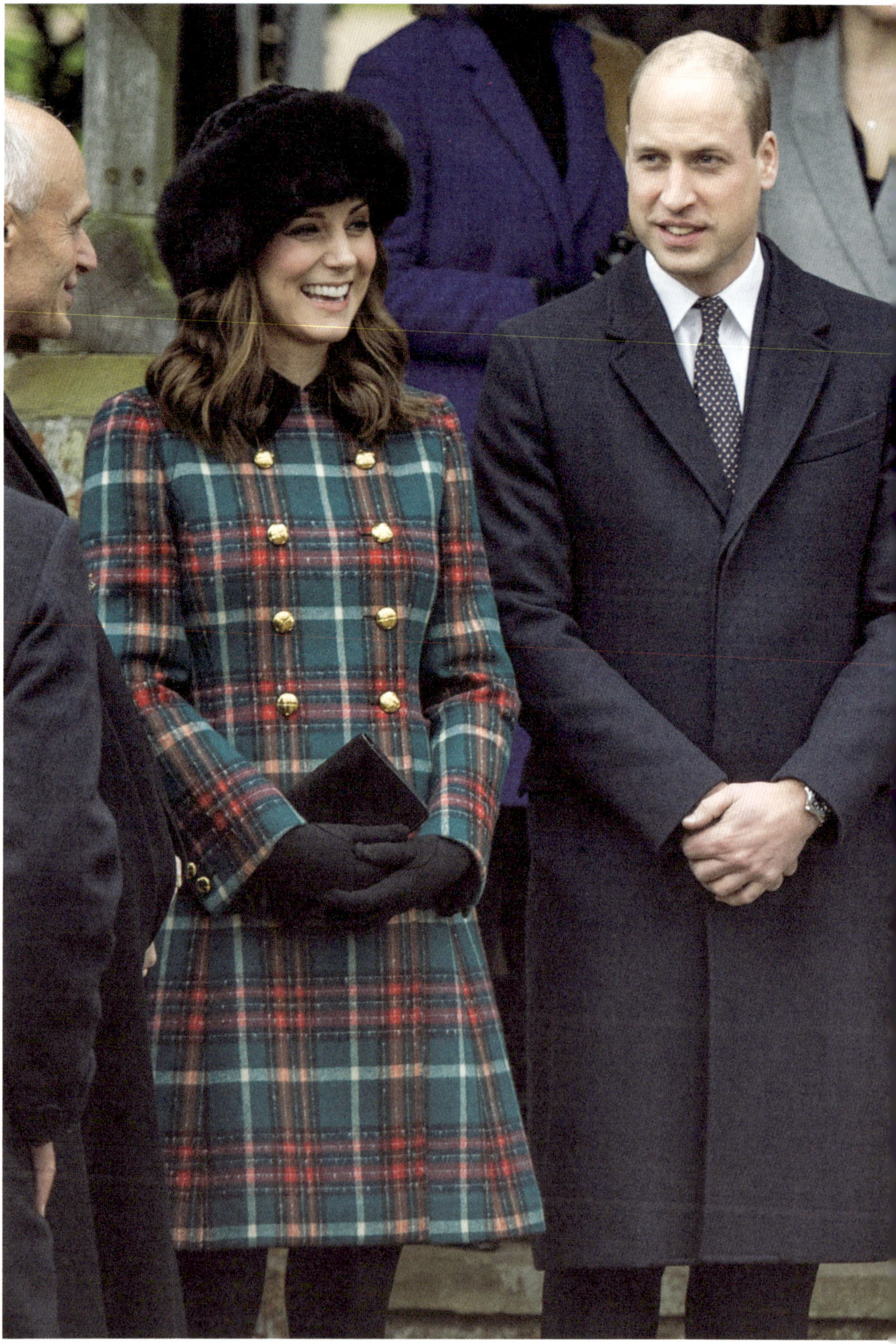

王室新生代：2017年圣诞节教堂仪式结束后，剑桥公爵威廉与夫人凯特、梅根·马克尔与哈里王子合影。四人得了个绰号"神奇四人组"，典出披头士乐队。

上图：2017 年 1 月 9 日，梅根考察伦敦南部布里克斯顿社区广播站 Reprezent 107.3FM 时与群众亲切互动。

下图：2018 年 2 月，哈里王子、梅根·马克尔与怀有 6 个月身孕的凯特·米德尔顿参加于伦敦举办、主题为"共促变化"的首届年度王室基金会论坛。自从 2017 年 11 月梅根加入王室家族以来，王室各社交媒体账号的粉丝访问量超过了 100 万次。

向成千上万名 The Tig 的粉丝做了道别。"我与大家共同度过了近 3 年美好的时光,现在是时候对 The Tig 说一声再见了,"她写道,"The Tig 起初是我的心血来潮(我的梦想小车头),如今已发展成为一个大家彼此互助激励,轻松又有趣的美好社区。请大家不要放弃寻觅灵光一现的 Tig 时刻,继续欢笑,继续冒险,'想要世界变化,先从自己做起'。"

她粉丝数量突破百万的 Instagram 同样关闭了。一位粉丝詹妮弗·奥克斯写道:"不要管那些希望你孤独终老的人,婚姻(双方)本来就要有牺牲。"

但并非每个人都这样体贴。在她关闭影响力可观、人气旺盛的个人网站前不久,梅根同父异母的姐姐萨曼莎再次开炮:"除了鞋子和包包以外,世界上还有太多值得关注的事情。"她在 Twitter 上写道:梅根·马克尔要么说到做到,要么趁早改口。从萨曼莎在网站关闭前夕发出的尖锐批评就能看出来,她自己和家人早已脱节。

深情告别网友之后没过几天,梅根就上了王室"金鱼缸"的经典一课。3 月初,哈里和梅根分别前往牙买加,参加他的好朋友汤姆·英斯基普(昵称"斯基皮")和劳拉·休斯-杨女爵为期 3 天的婚礼。

哈里在机场接到梅根后,就开车把她送去了蒙特哥湾的私人酒店圆山宾馆,入住 7 000 美元一晚的独栋别墅。两人换好泳装,哈里穿着绿色平角泳裤,梅根则身着深蓝色比基尼配自己设计的白色软呢帽,一同走入温暖的加勒比海,两人亲吻拥抱。突然间,哈里发起了脾气。这事与梅根无关,他发脾气是因为狗仔队摄影师正拿着长焦镜头偷拍他们。就算梅根抱着他的肩膀安慰,他也没能安抚他的情绪。尽管英国媒体并没有刊登冒犯的照片,但有几家欧洲的杂志和网站就不那么客气了。

对媒体发过脾气的第二天,哈里作为14名引宾员之一参加了于霍普维尔浸会教堂举行的婚礼。他的兴致好了一些,而身穿价值2 000美元的艾尔丹姆花纹长裙的梅根在整个婚礼期间都表现得充满了爱意。

主持婚礼的康拉德·托马斯牧师事后说道:"哈里和梅根紧握双手,我永远也忘不了他们那灿烂的笑容。他们看起来幸福极了。然后,我跟他说,'先生,下一个就该你了。'"

晚间招待会上,约克公爵夫人及其女儿尤金妮公主等一众宾客一边大啖牙买加烟熏鸡肉和龙虾,一边喝着朗姆鸡尾酒和香槟酒。可惜,哈里在舞台上表演迈克尔·杰克逊的太空步时不小心打翻了饮品托盘。

"他正在模仿《比利·吉恩》里的杰克逊倒步时,不小心撞上了一位端着饮品的女服务员,把饮料全打翻了,"一位旁观者说,"哈里倒抽了一口凉气,很震惊的样子,把双手放在服务员肩膀上跟她道歉。"

在这个饮酒跳舞的欢乐夜晚,这只是个小插曲。梅根和哈里要么在舞台上,要么一人从背后环抱着另一人,要么彼此相拥。空气中弥漫着爱意。

喧闹的派对结束后,哈里带着梅根前往内格里尔的私人酒店——洞窟酒店,度过了宝贵的3天独处时光。之后,他们又要各自远走。梅根飞往多伦多,但一周后就回到了伦敦。她现在经常不在加拿大,只得雇用专人照顾宠物狗博加特和盖伊。

话虽如此,但哈里很快就来到她家共度复活节。他来多伦多不只是过复活节这一个理由——"不屈不挠"运动会将于9月召开,他有许多会要开,有无数日程要安排。就他个人而言,最重要的一项日程就是,他决定在运动会的某个时候与梅根一同出场。资深记者菲尔·丹皮尔引用一位王室成员的话:"哈里想要彻底公开这段恋情,给成天躲避摄影师的日子画一个句号。他想要梅根以自己未来妻子的身份示人。他投入无数心血的运动会正是向世人宣告这一点的绝佳平台。"丹皮尔说得没错。

两人交往的前4个月是地下恋情,之后被曝光,经过近一年的非传统求爱阶段后,哈里和梅根的关系终于步入了传统轨道。5月6日,梅根驱车前往伯克郡科沃斯庄园看男朋友打马球,相当于王室接纳她的一种仪式。戴安娜王妃最好看也是最满含爱意的一些照片就是她看查尔斯王子打马球时拍的。威廉王子上马比赛的时候,凯特·米德尔顿总是亲临赛场加油。梅根在马克·戴尔及其妻子阿曼达陪同下来到球场时也是如此。马球是对观众最不友好的一种运动,而她看着球员往来穿梭时都会尽职尽责地鼓掌微笑。这是一场慈善比赛,目的是为勿忘我基金会和哈里主办的另一家慈善机构WellChild(健康儿童)募集善款,其他来观看比赛的人包括奥斯卡最佳男主角奖得主埃迪·雷德梅因、前芭蕾舞演员达尔塞·巴塞尔、曾在奈飞热门连续剧《王冠》中扮演菲利普亲王的演员马特·史密斯。对密密麻麻的摄影师来说,最大的乐事当属目睹王子亲吻自己的女朋友。

哈里让他们等了好久。直到次日与威廉王子打过一场比赛之后，他才让摄影师们如愿以偿——他在停车场吻了梅根。好戏开始了。

梅根再次飞回加拿大，但一周后就回来参加5月20日凯特王妃的妹妹皮帕·米德尔顿与金融家詹姆斯·马修的婚礼了。为避免抢了新娘的风头，梅根没有去伯克郡恩格尔菲尔德村，没有参加圣马可教堂举行的正式结婚典礼。婚礼结束后，哈里回伦敦接上梅根，然后带她去教堂不远处的巴克伯里村举行的米德尔顿家宴。

两人的恋情一年来消息不断，现在来看，梅根和哈里走进婚礼殿堂只是时间问题了。为了给公布婚约作好铺垫，他们想了一套不用官方声明的策略。首先是关闭梅根的社交媒体，包括The Tig和Instagram账号，继而是梅根参加"不屈不挠"运动会，接着当然是马球比赛中的一吻。这段日子里，她抵达希思罗机场时，哈里经常等在停机坪上，匆匆把她带进贵宾航站楼。因此，尽管梅根在得克萨斯州的奥斯汀参加《金装律师》见面会时避而不谈自己的未来，但大部分粉丝还是不情愿地承认，这一季很有可能是她出演的最后一季了。梅根承认过去的床戏"现在看起来很诡异"，她的角色蕾切尔·扎恩的命运似乎就此板上钉钉。

两周之后的7月中旬，梅根打开多伦多寓所的门，将传记作家萨姆·卡什纳迎了进来。萨姆是畅销传记《烈爱》的作者，书中剖析了另一对强强联合的情侣，演员理查德·伯顿和伊丽莎白·泰勒。从他迈进梅根家前门的那一刻起，书迷们就不必再猜王室婚礼会不会举行了。这位戴着眼镜的书匠是代表《名利场》

杂志前来的，而他的目的不只是品尝她专门从时髦的泰罗尼意餐食品店买回来的意面，更是要品味她的人生。

这件事可不寻常。传统上，王室准新娘都像斯芬克斯一样神秘，对摄影师避之唯恐不及，害羞得不得了，脸上挂着礼貌的微笑，嘴里却一个字都不说。戴安娜·斯宾塞、萨拉·弗格森、苏菲·里斯-琼斯和凯特·米德尔顿都是如此。她们知道开口的后果，戴安娜的姐姐萨拉在与查尔斯王子约会期间，刚刚跟王室新闻记者詹姆斯·惠特克谈起自己的感情就被抛入了黑暗的生活。

梅根在订婚消息没有发布之前就接受采访，这是英国王室历史上的第一次。更重要的是，如果她事先没有取得哈里王子、王子的私人秘书爱德华·莱恩·福克斯和公关负责人杰森·克瑙夫的同意的话，她也不会这么做。梅根也没有避讳自己和王子的恋情，不是只讲一些关于时尚、《金装律师》的无关痛痒的话。梅根讲述了真实的故事，还是用她自己的话说出来的。她说得很明确，没有顾左右而言他。

"我们是一对儿，"她告诉卡什纳，"我们深爱彼此。我们以后肯定有那么一个时刻不得不站出来亮相，讲述自己的故事。不过，我希望大家能明白，这是我们的时刻，这么做是为了我们自己。"

"它特殊就特殊在这里：这个故事只属于我们。"

"虽然我个人很喜欢曲折的恋爱故事，不过，我们现在挺高兴的。"

卡什纳就这样拿到了新闻。她强调，"我们彼此相爱，很幸福。"

梅根一上来就出人意料地宣告了恋爱关系，她的话语中却有一句令人担忧："我还是我。我从来没有用恋爱关系来界定我自己。"之前或许从没有过，未来她却肯定会用关系来自我界定。假如她只是一部普通电视剧里的女演员，那么《名利场》肯定不会在杂志封面上用黑体字登出《梅根·马克尔热恋哈里》的大标题。原因就在于头衔，他的头衔。不管她愿意还是不愿意，她今后的影响力和推动改变的能力都要取决于一件事，那就是女性通过嫁人而非自身努力获得的力量，而这件事与她的核心理念是相违背的。

这个问题可以日后再考虑。目前，她要去一个网络信号很差的国家——博茨瓦纳，与哈里共同庆祝她的 36 岁生日。王子对重返第二故乡感到很高兴，与梅根团聚时甚至给等在机场的摄影师们双手比了个大拇指。他的这个手势引发了媒体热议。记者们不知道梅根和哈里之前就去过博茨瓦纳，再加上 2010 年威廉是在肯尼亚向凯特求婚的，因此他们得出了显而易见的结论：哈里在这次旅途中会单膝跪地向梅根求婚。假期本身过得相当浪漫，两人还是下榻上次去过的鳄鱼牙齿露营地，然后租了一台车，驱车 8 小时去观赏自然奇观维多利亚大瀑布。

他们住在赞比西河畔的私家酒店唐卡毕兹旅馆，享受了日落游船和浪漫的舢板晚餐，清晨还起来追逐动物的脚步，甚至配备了有求必应的私人管家。

度假结束时，尽管坊间盛传两人会订婚，但当威廉王子、哈里王子和剑桥公爵夫人共同出席一次重要活动时，梅根还是回避了。8 月 30 日，两位王子的母亲在巴黎车祸丧生的前一天，威廉、哈里和剑桥公爵夫人前往肯辛顿宫白园参加戴安娜逝世20周年纪念活动，这座花园内专门种上了王妃生前最喜欢的花朵。接着，3人又接见了王妃生前支持过的各个公益机构的代表。

王子要结婚的传言越来越盛，特别是9月初梅根退掉住在多伦多期间租用的奥迪轿车的时候，似乎印证了大家的猜想，她只是轻描淡写地说自己"11月份要搬去伦敦"。

9月23日，梅根寓居多年的城市多伦多即将举行"不屈不挠"运动会的开幕式，这将是场严峻的考验。哈里创办的这项活动已经发展成为一场"迷你奥运会"，共有来自17个国家的550名选手参赛，设置项目为12个。他会选择这一周让梅根首次以准王妃的身份出现在世界舞台上并不令人意外。运动会开幕前，哈里陪梅根去了《金装律师》的片场，梅根把男友介绍给了其他主演、编剧和工作人员。

"梅根带他转了转片场。每个人都特别激动。他特别支持她的事业。"一名演员对 Hello 杂志的记者如是说。

开幕式于加拿大航空中心球场举行，哈里与美国第一夫人梅拉尼娅·特朗普、加拿大总理贾斯廷·特鲁多和乌克兰总统彼得·波罗申科坐在一起。与普遍的预测一样，梅根坐在观众席中，身边是她的朋友加拿大人马库斯·安德森，他对安排梅根和哈里的第一次约会起到了至关重要的作用。梅根身穿紫色连衣裙，紫色皮夹克披在肩上，看起来轻松自在。尽管她没有坐在贵宾席，但坐在不远处的一名苏格兰场保镖表明，她可以随意外出的日子屈指可数了。

当哈里对选手及其亲友发表讲话时,她听得很认真。他说道:"你们今天都是胜利者。不要忘记,你们在向世界证明万事皆有可能。"

当时的多伦多热浪滚滚,气温直逼35℃,有一个问题更令人心焦:他们何时会公开一起出现?

开幕式两天后,正当一群摄影师拍摄澳大利亚队和新西兰队的轮椅网球比赛时,一名肯辛顿宫的新闻官过来跟他们搭话。

她不提及梅根和哈里的名字,只是小声对摄影师们说:"他们来的时候,你们要照常坐着,不要起身,否则他们会掉头就走。"

几分钟后,翘首期盼的摄影师瞪着双眼看到梅根和哈里手牵着手步入内森·菲利普斯广场,在网球场一旁坐下。按照他们的爱情剧本,这里就是观众应该起身鼓掌的高潮时刻。两人一会儿大笑,一会儿开玩笑,轻抚彼此的胳膊,小声说着甜言蜜语,还和选手亲友交谈。梅根拿过一瓶水时,哈里要她把水放在地上,不要在镜头面前喝掉,因为名人喝水的照片看起来可能会别扭奇怪。

梅根有自己的想法。她对时尚符号有着本能的感应力。她下身穿着蓝色破洞牛仔裤,上身是她的好朋友米沙·努努设计的宽松款"男友风"衬衫,这身穿搭完全是刻意而为。这款白衬衫曾被梅根在博客中称为"我最喜欢的纽扣领衬衫",几分钟之内就卖断货了。她的手包是时尚品牌Everlane(埃韦兰斯)出品的,同样引起了关注——她很在意自己穿着造成的影响。

梅根同父异母的姐姐萨曼莎曾在Twitter上发过一个批判梅根的帖子,说梅根看不起坐在轮椅上的萨曼莎;她还发了一个帖子说自己是老兵，这让她的母亲洛斯琳困惑不解。"萨曼莎不是老兵，"她告诉我，"她是参过军，但 4 周拉练之后就退出了，因为她拉练的大部分时间都躺在病床上。"

不过，谁也不愿意哪壶不开提哪壶。

热情的观众还在赛场外见到了其他几位名人：美国前总统巴拉克·奥巴马、前副总统乔·拜登及其妻子吉尔。哈里和美国贵宾看起来很放松，一会儿说着笑话，一会儿与观众合影留念。

奥巴马短暂停留期间曾去市中心的一家酒店与哈里会面，哈里事先将酒店的一间套房改造成了临时广播站，与美国前总统进行了 20 分钟的会谈，主题是奥巴马卸任后的生活。12 月底，哈里首次作为嘉宾参加 BBC 广播四台的《今日新闻》节目时谈的核心内容就是自己与奥巴马的这次闲聊。

运动会步入尾声时，哈里对欢呼的人群说道："这是迄今为止最盛大的一次'不屈不挠'运动会，氛围特别好，让选手们有了自己是明星的感觉，他们确实本来就是明星。"

在闭幕式上，哈里在观看凯利·克拉克森、布莱恩·亚当斯和传奇摇滚乐手布鲁斯·斯普林斯廷表演告别节目时亲吻了梅根的面颊。当时，贵宾包厢里还有一个人——梅根的母亲——多莉亚·拉格兰。她专程从洛杉矶飞过来看女儿，而且人们普遍相信她还有另一个目的，就是考察未来的女婿。

现在是拂去婚礼服饰上灰尘的时候了。

第十二章

与女王陛下喝下午茶

第十二章 与女王陛下喝下午茶

这是梅根一生中最重要的时刻。没有彩排,没有台本,没有重拍。实况直播,全靠临场发挥。10月里的一个周四,天阴沉沉的,还下着毛毛雨,梅根乘坐一辆采用遮光车窗的黑色福特银河轿车穿过白金汉宫的重重大门:女演员的表演就要开始了。尽管她经常说自己不是那种爱紧张的女人,但就算她当时感到口干舌燥,那也情有可原。因为,她即将与女王一同享用下午茶。梅根不禁倒吸了一口凉气。当然,哈里王子陪在她的身边,握着她的手,跟她说"不要紧的,做自己就好"。不过,这毕竟是和英国女王喝茶呀。

整件事弥漫着神秘的味道,这对平缓心情可没有好处。福特银河轿车的车头紧贴着宫门,哈里、梅根和苏格兰场保镖可以神不知鬼不觉地溜进去。

接着,他们被人领着走过似乎有好几千米长的红地毯,然后进入女王的私人会客室,会客室下方就是宪法山旁边的御花园。他们来去都很隐秘,连王宫里的老员工都是几天后才发现他们来过。

说实话,梅根之前料到会有这一天。几个月前,她偷偷去过玫瑰树小屋,这是一家位于洛杉矶郊区帕萨迪纳的英国特色店铺,店内贩卖各式英货,但老板艾德蒙·弗雷的核心业务还是下午茶。梅根来过几次,不只是为了买英国礼品,也是为了喝下午茶,她或许也算做了一点彩排吧。

在一座由咖啡和外带饮料统治的城市，玫瑰树小屋带来了少许优雅的英伦风情。梅根在这里学会了翘着手指拿杯碟和小口喝伯爵红茶。

与未来丈夫的祖母初次见面时，这些都是她要牢记的必备技能。但是，这个故事里并不只有切成窄条的鸡蛋黄瓜蛋黄酱三明治、小司康饼和小蛋糕、女王自己喝的玛丽王后混合茶饮以及为美国访客提供的咖啡。

下午茶是女王跟贵妇们八卦、跟老员工们闲聊、跟亲人会面的机会。当年，如果没带儿子来的话，戴安娜王妃会利用非正式的下午茶场合来鼓动女王干预她的大儿子查尔斯王子和卡米拉·帕克·伯乐斯的婚外情，不过她一般都会带着孩子来。品茶的时候，王妃渴望获得女王的同情。事实证明，这是徒劳的。对她的女王婆婆来说，这个话题太不舒服了，她只好作罢。

尽管女王与梅根和哈里王子的见面没有太多不愉快，但会客厅里依然弥漫紧张的氛围，这或许是不可避免的。作为王位的第五顺位（现在是第六顺位）继承人，王子必须获得祖母的正式许可才能结婚。这不是走走过场。她是可以说不的，而且她之前就说过。如果她真的说不，那可如何是好？

千百年来，欧洲各大王室向来很看重血统和家系。在维多利亚女王的时代，英国的王子和公主只能与德国的王子和公主结婚。这条规矩在"一战"期间的1917年发生了改变。英王乔治五世不仅将姓氏改为温莎，而且允许子孙与英国贵族联姻。几十年过去后，连这条规矩的效力也大大削弱了。

伊丽莎白二世大部分子女的结婚对象都是平民。没有贵族头衔的奥运会马术运动员、王室侍从、摄影师、皇家马球管理员的女儿、公关公司高管都加入了王室家族。只有戴安娜·斯宾塞女士出身传统贵族家庭，而她的下场又如何呢？温莎王室是由平民子弟，而非皇室贵族所延续的。实际上，欧洲王室大多如此。尽管离婚是王室长久以来的忌讳，但哈里的父亲迎娶卡米拉·帕克·伯乐斯时就已经动摇了这条禁忌。

这次会面的结果如果说有未知之数，那也不在梅根一边，而在她想要嫁的男人一边。他虽然没有上过法庭，但以前也是受过严密监视的。

几年前，他是个眼光差、脾气差、臭名远扬的酒鬼。假如他当时带着一个离过婚的美国女演员来见祖母，她未必会同意两人结婚。"场面肯定会很阴郁，不欢而散。"一位资深的前王室工作人员告诉我，就像1955年她干预妹妹玛格丽特与离过婚的空军上校彼得·汤森结婚时那样。无论如何，哈里前几年的转变，再加上威廉王子和凯特·米德尔顿广受欢迎的结合，已经确保了英国君主制的未来。哈里代表女王出访海外时的良好表现，以及他对"不屈不挠"运动会的投入，这些都被女王看在眼里，她心里有一杆秤。一位侍从对我说："女王从来不信任自己的大儿子，却信任自己的孙子们。威廉和哈里已经建立了良好的群众基础，他们有明星的素质，是值得信赖的、真诚可靠的王室继承人。"

梅根最后还赢得了女王的柯基犬的认可。柯基犬平常暴躁易怒，但梅根走进女王会客厅时，它们却表现出友好欢迎的态度。哈里王子有些沮丧地抱怨："33年了，我一来它们就叫。这位来了却什么事都没有。"它们一边躺在她的脚边，一边摇着尾巴。"相当可爱。"梅根后来对采访者米沙尔·侯赛因说道。

在一小时的会面中，梅根亲眼看到了哈里对祖母真挚的敬爱之情。"她是个了不起的女人。"梅根之后说道。

伴着阵阵狗吠，哈里和梅根告辞离开，赶在王室"八卦工厂"开动起来之前迅速离开了王宫。

梅根还要跟她那神龙见首不见尾的父亲谈谈，介绍目前的情况。退休之后，老汤姆越发离群索居，他之前在美墨边境以南的墨西哥知名海滨城市罗萨里托买了一间公寓，现在已经搬到那里居住。他经常换手机号，有一次搬家竟然是因为那时所住公寓的房东刚刚去世后，那个寡妇变得"过于友好"。

当她总算联系上父亲时，她向他讲了自己的近况，还对他发出了预警，说订婚的消息发布后肯定会有媒体试图来采访他。他之前跟哈里王子交谈过，所以他知道之后会发生什么事。哈里曾隔着电话请求对面的男人允许自己娶他的女儿。这种做法不像与女王喝下午茶那样传统，不过之后就没什么故事好讲了，因为那些根本比不上传统的王室戏码。

既然双方家长都知会了，这对幸福的情侣也是时候公开消息了。2017年11月27日星期一上午10点，两人订婚的消息公布。消息是由查尔斯王子和康沃尔公爵夫人的府邸克拉伦斯府发出的，哈里的父亲对订婚表示"高兴"。简报接着说道："本月早些时候，王子殿下与马克尔女士于伦敦订婚。哈里王子已经知会女王陛下与其他近系亲属。哈里王子也获得了马克尔女士父母的祝福。"

几分钟内，几十名记者、摄影师和电视台工作人员就在肯辛顿宫外集合，准备进入下沉花园拍合影。那天天气很冷，还刮着大风，这对幸福的情侣于14点现身，挽着胳膊走到池塘旁边。哈里看起来比新娘更紧张，梅根轻抚着他的胳膊安慰他。他们回答了两个大声喊出来的问题。王子对人群说，两人初次见面时，他便知道梅根就是对的人，并形容自己当时"激动、激动到天上了"。梅根微笑着说他们"幸福极了"。

两人离开时，梅根摸着他的背，好像是在说"做得好"。手挽着手回到王宫后，他们接受了BBC记者兼活动家米沙尔·侯赛因的20分钟访谈。44岁的侯赛因是3个孩子的母亲，曾荣获2015年伦敦媒体俱乐部年度优秀播报员称号，她第一次进入梅根的视线是在BBC呼吁男女同工同酬的活动中。梅根和哈里点名要她来做订婚访谈。

这次电视访谈的一开始，哈里和梅根描述了王子求婚的那一刻，说他们当时正在诺丁汉别墅里制作烤鸡，然后他就跪在地上，向梅根求婚。"纯粹是意外之喜，美好、自然，而且非常浪漫。"梅根说道。她承认，还没等他说完求婚的话，她就说了"我愿意"。他们回忆说，两人是2016年7月相亲认识的，由一位共同的朋友牵线。经过两次紧张的约会后，梅根就同意陪他去博茨瓦纳野外探险。哈里之前没有听说过《金装律师》，也不知道这位美国加州女演员，她也承认自己对哈里了解不多。

不了解不仅没有阻碍恋情的发展，反而起到了促进作用。梅根说："我完全是通过他本人了解他的，而不是通过各路新闻报道、小报八卦什么的。我了解的他和他家人的事都是他自己跟我讲的，反过来也是。对我们来说，了解彼此的方式真的很真诚，很自然。"这也有助于缓解恋情公开后媒体穷追猛打带来的冲击。

培养感情是两人的重要事项。这对情侣说，他们从一开始就承诺要谈好异地恋。"这只是一个选择，"梅根说，"我觉得我们早在那时就意识到一段严肃的恋情要展开了，而且我们知道为了修成正果，双方必须投入时间、精力和其他所需要的一切。"

他们几乎从最开始就将彼此视为"队友"，共同希望对社会带来积极影响的队友，这一点帮助他们度过了风风雨雨。据梅根说，他们第二次约会能成功就是因为两人共同的使命。

她回忆道："见面后，我们马上就开始谈论各自想要在这个世界上做点什么，以及我们有多么热切希望看到世界发生积极的改变。"

与哥哥一样，亡母戴安娜王妃依旧活在他的心中。之前，威廉一直小心翼翼地随身带着戴安娜本人的订婚戒指。2010年11月，他在肯尼亚度假时向凯特·米德尔顿求婚时，用的就是这枚订婚戒指，随即这枚戒指便成了大众瞩目的焦点。这一次，梅根订婚戒指上的小钻石也来自戴安娜收藏的珠宝，而最大的一颗来自两人坠入爱河的国度——博茨瓦纳，而且不是血钻。哈里将这些元素融入了钻戒的设计，以便戴安娜能够"在这次不可思议的旅程中与我们同行"。

与威廉在订婚访谈中提到的一样，哈里也很遗憾母亲在自己人生中大日子的缺席。王子很清楚她对美国儿媳会有怎样的反应。"她们肯定会亲如姐妹。我想她会开心到天上的，开心到跳脚的——你知道的，为我感到激动。"

当然，哈里对自己与梅根相恋确实有一种宿命感。他承认："我这么快与梅根相爱本身就是一种确证——天上的星星连成了线，一切都是尽善尽美。这位美丽的女士真的就是不经意间进入了我的生活，而我也进入了她的生活。"

订婚访谈中的梅根完全没有戴安娜·斯宾塞女士当年脸红害羞的样子。查尔斯王子当年的一句"不管爱情意味着什么"将他永远钉在了爱情的耻辱柱上。她与威廉王子和凯特·米德尔顿夫妇也不同，他们面对镜头时要更加严肃、传统。当时，轮到紧张的凯特回答问题，她让威廉替自己说话，动作很明显，当然也可以理解。梅根不是这样。她热情而且积极配合，在媒体面前，她要比自己的王子未婚夫更自然。当时的人都说是"一缕清风"。

媒体对订婚的消息反响热烈，表明两人的结合深孚众望，也表明了深陷脱欧风波的英国人仍然喜欢甜美爱情故事。女王和菲利普亲王自然感到"喜悦"，尤其是因为这次结合保障了君主制的下一代。威廉王子和剑桥公爵夫人则"非常兴奋"，康沃尔公爵夫人用"大明星"来形容梅根。她说："美国赔了，我们赚了。"

时任首相特蕾莎·梅评论到，王子订婚是一个"举国欢庆"的事件。巴拉克·奥巴马及其夫人米歇尔祝愿两人"终生幸福美满"。对于1937年后第一次嫁入英国王室的美国女性，Twitter网红特朗普一直保持沉默。梅根的亲生父母说，他们为女儿感到"高兴极了"，而在《金装律师》中扮演她父亲的演员温德尔·皮尔斯也对哈里献上了祝福。

她的荧屏情侣帕特里克·J.亚当斯在Twitter上开了个玩笑："她说自己只是出去买牛奶的。"他后来吐露了真实的想法："王子殿下，你是一个幸运的男人，你肯定会幸福长寿，事业有成，天天开心。"欢笑的日子里并非没有悲伤。梅根把宠物比格犬盖伊带来伦敦共同生活，但她的第一条狗，牧羊犬和拉布拉多混血犬博加特被认为年纪太大，不能长途旅行。于是，它被送到梅根朋友家安度晚年。

她还有其他东西要放弃。订婚的消息公布后，梅根就辞去了加拿大世界宣明会全球大使的职位，并从联合国和世界青年领袖峰会等机构的性别平等、女性赋权事业中退了出来。既然进了"宫墙"，她就要按宫里的规矩来。

参政是绝对的禁区。梅根之前曾利用自己的名气力挺希拉里·克林顿，唱衰英国脱欧。按照宫里的规矩，王室成员不得发表这样尖锐的意见，目的是阻止王室成员公开表达对政治人物、政党和政治议题的看法，不过这个规定未必总能有效。

在一次大约有100名记者参加的白金汉宫新闻发布会上，她的公关负责人杰森·克瑙夫说，梅根在巡游全国后会退出目前参加的人道主义活动，以便她以毫无背景的"白板"身份重新出发，判断如何更有效地利用自己的时间和才能。对于一位已经习惯和享受公共平台的女士来说，这是一次难熬的考验。梅根的一位朋友告诉我："她会为皇室带来许多不一样的、新鲜的思想和行为方式，而不只是单纯地融入王室。"

订婚访谈期间，哈里王子暗示了两人未来的方向。他们准备帮助英联邦国家的儿童，这时梅根的混血身份就能发挥积极的作用。4月，英联邦政府首脑会议于伦敦市中心召开，为哈里提供了一个向其他政府首脑介绍自己未婚妻的机会。梅根初次体验了自己未来要在王室家族内扮演的角色，而且第一次品尝了白金汉宫的国宴。

据王室内部人士称："哈里王子当然有自己的角色。现在，他准备和梅根·马克尔结婚，首脑会议正是她进一步了解英联邦的好机会。"3月中旬，她陪同女王等王室成员赴威斯敏斯特教堂参加了英联邦日的活动，那是她初次接触英联邦。

关于未来王妃生活的谈话中还涉及了其他家庭事务。在订婚访谈中，哈里说"不远的将来"就会要孩子。

尽管梅根在婚前就有了"王妃殿下"的尊号和公爵夫人的头衔，准确头衔十有八九是苏塞克斯公爵夫人，但她目前准备保留美国国籍。这就意味着她还是美国纳税人。同时，她还会申请加入英国国籍，入籍过程最长可达3年。申请过程的高潮是英国历史文化测试。鉴于她在2016年7月电视问答节目的表现，觉得她能得高分的人不多。

拿不到高分的人可不止她一个。毕竟，舆观调查网曾在一次调查中对英国人进行了入籍测试，结果 24 岁以下的英国国民挂科率达到了一半。有的受访者认为夏威夷属于英国，还有人觉得国家保险计划是超市外卖服务。这门奖金 50 英镑的测试中还有一些问题连社会历史学家都一头雾水，比如什么是文德兰达（哈德良长城以南的一座古罗马堡垒）和《罗德兰法令》（规定威尔士并入英格兰）。

她的生活还会有其他一些变化。由于她和哈里要在属于英国国教会的温莎城堡圣乔治礼拜堂结婚，而梅根的父亲信仰福音派，母亲是新教徒，因此梅根必须赶在 5 月婚礼前完成洗礼和坚振礼。她以前在无玷圣心学校的神学教师玛利亚·波利亚确信，等梅根上入教预备课程时，给她上课的英国国教会教士肯定会"极其惊喜"。"她懂得圣礼和圣餐的意义，深刻的神学思维就更不用说了。"她的预测没错。梅根与坎特伯雷大主教贾斯汀·韦尔比有了深入交流。3 月，大主教在王室礼拜堂为梅根进行了 45 分钟的内部洗礼仪式，未来的信仰守护者查尔斯王子和康沃尔公爵夫人在内的众人观看了大主教将约旦河的圣水浇到她头上。

小两口从一开始就决定要自己操办婚礼。正如他们的公关负责人杰森·克瑙夫所说，"他们当然希望婚礼成为亲友欢庆的特别时刻，而且希望能够与民同乐。他们目前正在考虑具体如何操办。与所有婚礼一样，这次婚礼将反映新郎和新娘的个人特点，带来欢乐与喜悦。婚礼的方方面面都由哈里王子和马克尔女士带头操办。"

老汤姆·马克尔要是知道鲜花、婚宴、宗教仪式和乐队的费用都由王室承担的话，他肯定会松一口气。他和梅根只需要出买婚纱的钱。

这是一次新生：新的宗教、新的国家、新的文化、新的语言（英美毕竟有差别），当然，还有新的事业。为了与所爱的男人开启新生活，梅根也放弃了很多。她再也不能在没有保镖的情况下逛街了，再也不能独自牵着盖伊上街了，再也不能在 Twitter 或 Instagram 上向世界分享一闪而过的念头或想法了。简而言之，她的生活再也不会和以前一样了。

她和哈里王子几乎一夜之间就成了全世界最有名的情侣。"梅根·马克尔"也成了 2017 年谷歌搜索次数最多的关键词。她还获得了一份大礼，一份带给她挑战和机遇的礼物，一份赋予她梦都没梦到过的权力和影响力的礼物。接下来，她的考验就是如何明智地使用这份礼物。

第十三章

十亿新娘

梅根·马克尔说出"我愿意"时,你几乎可以听到收银机发出的哗哗声。就在她同意嫁入王室后的几分钟内,这位刚刚息影的演员就催生了一个足以匹敌任何好莱坞热播影视作品的个人中心产业。

从订婚仪式穿的外套、长裙和鞋子到她的眼影、指甲油和毛衣,乃至可爱的朝天鼻都被人们复制、模仿、宣传和营销。她成了一门大生意,非常大的生意。王室大婚带动了时装品牌、旅游业乃至整形手术的发展。她在宣布订婚当天穿的加拿大品牌 Line the Label(标记)白色羊毛外套几分钟内便告售罄,等待名单上排了 400 多人,让消费者好不心焦。次年春天这款羊毛衫再次发布时更是直接更名为"梅根"。

梅根热横扫英伦,各大报纸纷纷推出介绍王妃生平和冉冉升起的"梅巨星"的特辑,"梅巨星"这个词最早还是《太阳报》在头条登出的。江河日下的报界希望梅根能像当年的戴安娜那样成为新的"金鹅",生出让他们发行量剧增的金蛋。

凡是梅根摸过、穿过的东西都会迎来新生,并带来新的利润。

Finlay and Co.(芬莱)是一家小众太阳镜公司,由于梅根第一次与哈里王子公开去诺丁汉游玩时戴着它生产的墨镜,因此销量剧增,现在竟能在伦敦市中心的苏豪区开一家专卖店。多亏了马克尔女士的点金之手,这家公司在24小时内卖出了价值2万英镑以上的墨镜。

当她拿起价值500英镑的苏瑞贝帆布包时,这家爱丁堡小公司的存货不到一小时就卖光了。

苏瑞贝的联合创始人利安妮·亨德比简直不敢相信自己的运气。两周前,她一时冲动给梅根送去了几款精选手包,现在发现自家产品得到了王室认证,她真是激动极了。"对我们简直是太好了,太棒了,"公司发言人说,"这真是天降喜讯,我们都很激动,一下子忙碌起来了。"

对梅根来说,加入王室家族是一个机会。她可以通过穿戴重视环境保护和道德伦理的设计师设计出的、具有公益企业文化的公司推出的产品,从而影响自己的大批新粉丝。

她之前曾利用博客 The Tig 来推广品牌,比如每卖出一双袜子就植树20棵的袜子品牌"意步",以及将部分利润捐赠给创新非洲公益组织的加州珠宝商精神计划。她一直都清楚,与哈里在一起能够扩大她的知名度。尽管她必须退出自己的慈善活动,未来的生活也许一眼就望到尽头,她依然决心利用自己的声音,尽可能地传播她认为有价值的信息。

严谨慎思的梅根完全知道,她用过的任何东西都会引发热潮,不管是化妆品、服饰、新发型还是珠宝。她必须有战略思维。参演《金装律师》的日子里,她已经习惯成为被观看和讨论的对象了。不过,她如今受到的审视进入了一个全新的层次。她将自己形容为一个喜欢三思而后行的人。她承认,"我会想很多,尽可能做到敏锐、全面地思考自己的行为可能会如何影响他人的感受。"

例如，她去加的夫时拿的包是由德梅利耶生产的，这家英国品牌会拿出部分销售额来支持疫苗开发，她穿的外套没有在动物身上进行过实验，是动物权利活动家兼一线设计师斯特拉·麦卡特尼设计的。梅根曾经在博客中写道："如果你看起来很美，这自然很好；不过，如果你对世界做一点有价值的事，那就是伟大。"有人不以为然。专栏作家阿曼达·普拉泰尔不屑地说道："做好事和自我标榜只有一线之隔。现在或许是社交媒体的时代，但温莎王室可不是卡戴珊家族。"

不管她想还是不想，她都成了活动广告牌，穿戴的一切都会被仔细研究，然后卖到网上。梅根之镜等网站摆明就是要靠马克尔的名气赚钱，这个网店的实质就是贩卖与梅根有关的每一样东西，只要轻点几下就能下单送货上门。与鼎盛时期的 The Tig 一样，梅根之镜也是采用电子商务网站 rewardsStyle 的服务。梅根之镜网站的总编克里斯汀·罗斯解释说，梅根之所以有人气，是因为她的风格与普通女性有共鸣。

讽刺的是，梅根当年自己运营网站时还能赚一点分成，现在盘子比以前大得多了，她却一分钱也赚不到。

如今，王妃从头到脚的打扮都被拿来营销，这可不是当年王室新闻发布官不耐烦地发布声明来描述戴安娜王妃装束的时候了，那时能知道设计师的名字都算运气好。在 20 世纪 80 年代，戴安娜很少穿高街品牌的衣服，偏爱阿拉贝拉·波伦、维克多·埃德尔斯坦（他推出过著名的约翰·特拉沃尔塔连衣裙）等设计师的出品，离婚后则青睐凯瑟琳·沃克设计的低调服装。每当她偶尔身穿类似德国高档时装连锁品牌艾斯卡达的大象主题服装的高街服饰时，她就会受到时装界精英的指摘。

即使戴安娜的时代有网络购物，她的女性粉丝们也不可能照着王妃的样子穿衣，毕竟她穿的衣服过于昂贵、过于稀有。当然，多年来，王室成员的服饰很快就会推出廉价山寨版。比如，华里丝·辛普森于1937年6月结婚时，她发现婚礼照片公布才几小时，由美国设计师曼波彻精心制作的山寨版婚纱仿款就上市了，这令她颇为愤怒。在过去，"廉价"也是相对的，就连山寨版设计师服装也是绝大部分人买不起的。

凯特王妃在温莎王室内部发起了一场不动声色的时装革命。她会有意穿戴大众平价服饰，与高端设计师品牌混搭。比如她长年穿蕊丝的衣服。她是第一位接地气的王妃，她让宫廷与高街服饰和谐共处，从梅登黑德到麦迪逊大街都有人模仿她的风格和衣品。"凯特王妃身穿平价服饰很有范儿。"蕊丝品牌总监安迪·罗杰斯说道。

梅根比凯特更进一步，以时尚符号为手段引导人们关注注重道德的小众品牌。早在遇见哈里王子之前，她就对这种品牌很感兴趣。例如，梅根在2014年世界青年领袖峰会上说自己和U2乐队成员博诺的妻子阿里·休森是朋友，只是因为她想进一步了解休森的道德时装和化妆品品牌。

讽刺的是，当梅根真的穿成王妃的样子，为拍摄正式订婚照而穿上价值5.6万英镑的伦敦时装品牌拉夫罗素的婚纱时,她又被批评铺张浪费。她同父异母的姐姐萨曼莎冲在声讨她的最前线,说自己不明白她为什么要在父亲老汤姆需要资助时在一件婚纱上面花这么多钱。与之前的戴安娜和凯特一样,梅根发现不管自己选择穿什么,总会有人嚼舌头。极具冲击力的黑白订婚照是由时尚摄影师阿列克谢·卢博米尔斯基拍摄的,地点在温莎城堡内部的王室墓地弗拉格摩尔庄园,这些照片彰显了王子和王妃的动人魅力。"光彩迷人的梅根让好莱坞与温莎王室成为姻亲。"就连平常语调冷静的《泰晤士报》也如是宣称。正如卢博米尔斯基所说:"看着我们给他们拍的照片,我情不自禁地露出微笑,他们在一起好幸福啊。"

尽管王室成员不会亲自去卖货,但他们授权肯辛顿宫、桑德灵厄姆和白金汉宫的纪念品商店销售印有梅根、哈里微笑图案的马克杯、金勺、书签、笔记本和明信片。订婚的消息发布后上市的1 000个售价20英镑的陶瓷纪念马克杯不到24小时就卖光了。温莎城堡附近酒店宾馆的客房早在5月婚礼举行之前很久就抢订一空,同时预计会有大批游客拥入英国——威廉王子与凯特结婚期间,赴英游客数比往常增加了大约35万。游客们看不清这对幸福的情侣也没关系,届时会有许多肖似哈里和梅根的专业演员为游客提供收费服务。

至于其他新人,据婚庆网站bridebook报告,咨询城堡和博茨瓦纳蜜月的人数大幅增加,梅根款式的订婚钻戒销量增加了三分之一。bridebook网站首席执行官哈米什·谢泼德对《国际财经时报英国版》说："梅根、哈里大婚会促进婚庆行业和英国经济整体的发展，英国经济预计会有巨幅增长。"

据《泰晤士报》估计，王室2018年全年会为英国经济贡献18亿英镑。评估咨询公司品牌金融估计，王室婚礼在18亿英镑的总额中会占到10亿，而且有利于脱欧之后的英国与美国的关系。品牌金融公司首席执行官戴维·黑格对路透社称："上一次王室婚礼极大地改变了公众对英国和君主制的态度，这一次婚礼的影响还要更大，因为哈里的新娘是一位光彩照人的美国女士，这将婚礼上升到了全球层次。"

除了这些乐观的经济数据以外，梅根于12月1日，也就是公布订婚消息一周后赴诺丁汉参加正式王室活动，与民众见面接触，第一次踏入王室成员的新世界。这和走红毯差不多，只不过更冷、更潮，而且地上没有铺红地毯。

凯特王妃的首次公开活动是参加威尔士北部安格尔西岛的近岸救生船的命名仪式，仪式相当朴素。与她不同，梅根一下子被抛到人群当中，成千上万人顶着严寒，在铅灰色的天空下等了好几个小时，只为一睹好莱坞王妃的风采。尽管活动的主要任务是参观一处与世界艾滋病日公益机构有关联的中心，但每个人都想看一看准王妃。她看起来有一点紧张，哈里时不时抱住她，小声耳语鼓励她。做了自我介绍之后，她很快习惯了英国人的标准话题：天气（洛杉矶的标准话题是高速拥堵情况）。她感谢大家在严寒中等待自己，接受了众人的喜糖、拥抱、亲吻，还有人将她和戴安娜王妃作比较，她也没有异议，但她拒绝合影。

一行人在艾滋病中心会见了患者与工作人员，梅根天生的同情心给他们留下了深刻印象。艾滋病患者克里斯·奥汉隆觉得王子夫妇平易近人，诚恳心善。他说："她不仅会成为一名优秀的王室成员，而且对于任何一项她投入心血的事业，她都会是个优秀的宣传大使。"

接着，王子与梅根观看了一场嘻哈歌剧。表演期间，哈里对一名同样有姜黄色头发的男人说，和梅根在一起"棒极了，简直不可思议"。他们让诺丁汉民众激动不已。专栏作家杨·莫伊尔盛赞梅根的"雍容魅力"。他写道："多么令人印象深刻的亮相啊。梅根·马克尔并非王室子孙，但她在自己的勇敢新世界中行动自如。"

网上对梅根·马克尔的搜索热度比刚发布的新款苹果手机还要高，似乎人人都想了解魅力非凡的马克尔女士，当然也包括女王、她的家人和她的服务人员。哈里王子在 YouTube 上制作了一个《金装律师》的剪辑版，然后放给女王和菲利普亲王看，好让二老更清楚地了解梅根身上有哪些吸引自己的地方。女王对她留下了深刻印象，打破了只有王室成员才可以到桑德灵厄姆共度圣诞这个延续多年的规矩，向哈里的未婚妻发出了邀请。这是对时代变迁的一种认可，而且当时两人也同居一年多了。《太阳报》的头条运用了双关语:"女王为梅根破 Yules*。"

梅根在王室圣诞活动的第一站是陪同女王和哈里王子赴温莎城堡参加一年一度的宫廷服务人员聚会。梅根绕着房间缓步行走,几百名男女用人、管家和园丁都抢着跟她说几句话。一位客人说道:"她逢人就问对方叫什么名字,做什么工作。她的亲和力是天生的。"

她刚刚和服务人员见过面,哈里就开车把她送去了白金汉宫。12月20日,全体王室成员共70人在宫内共进午餐。尽管这是家庭聚会,但毕竟是王室,谁要对谁鞠躬,谁要对谁行礼都有一整套等级规矩。比方说,梅根要向未来的妯娌剑桥公爵夫人凯特行礼;按照规矩,因为哈里王子三叔爱德华王子在场,梅根还要向他的夫人行礼,有意思的是,假如他不在场,梅根就不必向她行屈膝礼了。戴安娜的弟弟查尔斯·斯宾塞回忆到,有一次他鞠躬行礼的次数太多,竟然向一位佩戴着勋章的仆人鞠了躬。

在梅根的故乡,美国人不会向任何人鞠躬,因此她不免会对这个场合感到疑惑乃至略有困扰。性别平等的旗手梅根竟然要对这么多人行礼。当然,每个人都渴望与王室新成员见面,因此,除了行礼以外,还有热情的握手和简短的寒暄。

入席时,梅根坐在未来的公公查尔斯王子和活动组织者安妮公主的独子彼得·菲利普斯之间。他们一起玩了拉炮游戏,接着梅根戴上一顶纸做的王冠,和其他人一起朗读陈旧的老段子,同

---

* 译者注:Yules 本意是圣诞节前身,日耳曼民族节日耶鲁节的意思,同时音近 Rules,即"规则"。

时享用着火鸡和各色配菜。

《每日邮报》刊载了一名王室成员的话："她一开始显然有点紧张,不过哈里王子向她介绍了每一个人,她很快就放松下来了,过得很开心。"

但是,这次午餐注定要因为其他事情而被铭记。肯特郡的迈克尔公主是梅根的邻居,她居住的肯辛顿宫10号公寓就在诺丁汉别墅对面。她来到白金汉宫时戴着一枚16世纪威尼斯制造的黑摩尔人胸针,由于这件首饰描绘了黑奴的形象,因此现在被认为是种族歧视。由于梅根是黑人和白人的混血儿,又是她第一次与王室大家庭会面,因此迈克尔公主的胸针被视为冒犯之举。73岁的老公主反复道歉,而且保证再也不戴这枚胸针了。

"这枚胸针是别人送的礼物,而且之前戴过很多次,"迈克尔公主的一名代表在声明中说道,"迈克尔公主对胸针造成的冒犯深感抱歉和难过。"

迈克尔公主的丈夫是女王的表亲,她的父亲是希特勒纳粹党的党员,她身上出现种族热议话题并不是第一次了。2004年,她在一家纽约餐厅与多名非裔美国人食客发生口角,据说她曾让他们"滚回殖民地"。为了恢复声誉,她进行了一次不同寻常的电视访谈,说自己小时候游历南非和莫桑比克时当过"半个非洲人",在这些"可爱的、特别的人"中间体验生活。

但是,与邻居的放肆举止相比,梅根还有更担心的事情。在一次事故中,她心爱的宠物狗盖伊两条后腿都骨折了。尽管这条混种比格犬在萨里郡的诊所接受了上过电视的"超级兽医"诺埃尔·菲茨帕特里克教授的治疗并有所恢复，但这依然意味着，她在平安夜和哈里乘车去桑德灵厄姆参加王室圣诞节聚会时不能带上处于康复期的盖伊了。

尽管宏伟的桑德灵厄姆宫的卧室有 270 间之多，完全够住，但梅根和哈里还是接受了威廉和凯特夫妇的邀请，前往威廉夫妇刚装修好的乡间别墅安默府小住。安默府的日子要更轻松，他们现在的绰号为"神气四人组"，感情也与日俱增。

对梅根来说，在桑德灵厄姆过圣诞是新鲜刺激的体验，活动本身却规律得就像走廊里的众多老爷座钟一样，让人昏昏欲睡。圣诞节前一天喝过下午茶后，按照习俗王室成员打开各自的礼物。圣诞节当天早晨去教堂，中午去大厅吃午餐，之后集体收看女王的圣诞广播讲话。圣诞节次日节礼日的活动是在庄园里猎野鸡。

圣诞节前一天的下午 4 点，王室成员聚集在墙面为木质镶板的客厅，参加女王每天最喜欢的一次用餐——下午茶。供应的点心包括小块三明治、自制司康饼、玛芬蛋糕和糕饼，饮品是伯爵红茶和女王特制的印度混合茶。

短暂休息后，众人于 6 点再次聚到客厅拆礼物。礼物摆在铺着桌布的案上，有名牌标示归属。

玛格丽特公主的前夫斯诺登勋爵曾经用"喧腾"来形容大家

撕开礼物的场景。成年王室成员不会买昂贵的礼品，专门买搞怪道具。有一年，哈里送给女王一顶写着脏话的浴帽。还有一年，他给女王送了一只会唱歌的大嘴鲈鱼比利玩具，女王骄傲地将它摆到了自己在巴尔默勒尔庄园的书房的钢琴上。戴安娜生前，哈里给她送过一对胸垫。他还给安妮公主送过一张写着她姓名字母缩写的门垫。据说梅根也被搞怪精神感染，给女王送了一只会唱歌的仓鼠玩具，女王的宠物柯基犬哀怨地看着它夺了宠。

欢乐氛围平息后，大家就回到各自的卧室换上晚餐礼服。女士要穿长裙，男士要戴黑领带。8点整，大家聚在一起喝餐前酒。8点15分，女王驾到，大家要喝一杯干马天尼鸡尾酒。

约克公爵夫人回忆道："圣诞节是很累人的，不只是因为有时一天内要换7次衣服。晚餐绝不能让女王有微词。片刻都不能迟到，那是不可想象的大不敬。"

今年的平安夜晚宴有诺福克大虾、桑德灵厄姆自产羔羊肉和反转苹果挞。上开胃菜的时候，大家又玩了一轮拉炮游戏，王室的拉炮上有金色或银色王冠装饰。与女王以外的每个人一样，梅根为自己戴上了纸做的王冠。

圣诞节当日，梅根、哈里、威廉和凯特在安默府吃了一顿分量不大的早餐，同时乔治和夏洛特激动地打开了自己的大礼物。

接着，他们要经过大厅前往附近的抹大拉的圣玛丽教堂。岁月不饶人，今年女王是在康沃尔公爵夫人陪同下乘车前来的。

事先有人向梅根警告过诺福克寒风刺骨，于是她穿了一套保暖又入时的服装：桑塔勒服装店购买的幼羊驼绒系带大衣、绒面革皮靴和棕色的贝雷帽。梅根、哈里、威廉和凯特走过时，3 000多人发出了欢呼，其中有些人已经在冰冷的天气中等待了几小时。梅根微笑着挥手，甚至开玩笑似的微微吐了吐舌头。

巧的是，当天最佳照片不是由专业摄影师，而是由单身母亲凯伦·安维尔拍下的。多亏了这张"王室四人组"的照片，她轻松赚到了过圣诞的钱。

一行人走出教堂后，梅根在女王走回由专人驾驶的宾利轿车时第一次向她公开行礼。

梅根第一次明显有点紧张的样子。她紧紧抓着未婚夫的胳膊，咧嘴挤出了一个僵硬滑稽的笑容。对这种场合驾轻就熟的凯特向妯娌展示了正确、自然的行礼方式。

接着是答谢等待了许久的群众，群众最多有机会跟王室成员握个手，或者听对方说一句简短的"圣诞快乐"。

不过，有几个人想要在王室面前出出风头。人群中有不少美国人，一部分来自附近的美国空军基地。来自威斯康星州的学生迈克尔·梅斯趁此机会向得克萨斯州女友阿什利·米利肯求婚，迈克尔单膝跪下时，人群爆发出了欢呼声。哈里和梅根听说后献上了自己的祝福。"太奇妙了，跟童话故事似的。"迈克尔说道。

回到大殿后，王室成员入席享用传统的圣诞大餐。丰盛的大餐要在90分钟内解决，以便收听3点整女王的圣诞广播致辞。今年，当女王提到欢迎王室新成员加入时，实际上是在公众面前含蓄地提及梅根。

傍晚时分，电视被关掉，王室成员玩起了看手势猜字谜等传统圣诞游戏。女王是模仿秀大师，尤其擅长模仿政治人物，包括多年来亲自见过的几名美国总统。

到了节礼日，王室的男性拿起枪走入空地，猎杀了几百只专门为今天饲养的野鸡。威廉和哈里很喜欢打枪（戴安娜王妃管两个儿子叫"威尔士杀手"），喜欢白天进行户外活动。今年却与往年不同。哈里第一次没有将枪取出枪匣。可能他之前已经打够了吧。12月初的一个周末，他跟几个哥们儿去德国打了一次野猪，活动是由人称"野猪终结者"的德国贵族弗朗茨·阿尔布雷希特·厄廷根-施皮尔贝格组织的。

但是，哈里缺席桑德灵厄姆打猎活动的事情得到了媒体的广泛关注。有人问："枪手打烦了吗？"

哈里最起码有一个借口。BBC的主力晨间广播节目《今日新闻》请他做特邀编辑，他必须去伦敦作准备。节目组给他安排了明确的播报事项，主要是他感兴趣的话题，特别是未成年人暴力、心理健康、社交媒体的社会影响、武装力量、动物保护和英联邦这些话题。他请来了一批重量级嘉宾，包括他的父亲查尔斯王子和美国前总统巴拉克·奥巴马。查尔斯王子称哈里为"亲爱的儿子"，并探讨了气候变化导致的"未曾公开的惨状"。当年9月的"不屈不挠"运动会期间，哈里曾在多伦多费尔蒙酒店采访过奥巴马。

奥巴马显然很放松，访谈开始前，他开玩笑地问自己是不是应该用英音说话，还问需不需要用比平常更快的语速说话，因为他"语速慢"。

王子答道："没事，完全没关系。不过，你要是中间卡壳了，恐怕我不会有好脸色。"

奥巴马想看一看那是什么"脸色"，于是哈里王子摆出了一个严肃的表情。奥巴马大笑着答道："我可不想看这张脸！"

他们聊的话题包括奥巴马卸任时的回忆及其对卸任后生活的希望，比如他计划通过奥巴马基金会培育新一代领导者。谈到他的继任者时，奥巴马说，不负责任地运用社交媒体正在扭曲公众对复杂议题的认识。

在一轮连珠炮似的提问中，哈里问奥巴马更喜欢《傲骨贤妻》还是《金装律师》。前总统答道："明显是《金装律师》啊。"

《泰晤士报》发表了一篇关于这次节目氛围的讽刺文章："当年那个坏小子哈里、醉汉哈里、夜总会哈里已经将灯红酒绿抛在了脑后。他现在是圣人哈里，在穷困者中间服务，在广播节目中与那些被其他人忽视的人、受伤的人、抑郁的人对话，还有威尔士亲王。"

广播四台这一次走了红运。早在哈里公布订婚消息之前很久，四台就安排他做特邀编辑了。于是，节目重点放到了即将举行的大婚上。

哈里的一位节目嘉宾拳击手安东尼·约书亚自告奋勇地当伴郎，播报员萨拉·蒙塔古则问起梅根第一次跟王室一起过圣诞感觉如何。"好极了，她很高兴，"他说道，"我们跟哥哥嫂子住在一起，他俩的孩子跑来跑去，开心极了。我们家是我知道的最庞大的家庭之一。每个家庭都很复杂。她做得非常好。"

到目前为止，一切都好。随着访谈接近尾声，他说了一句："她正在渐渐融入，我觉得她从没在这样的家庭生活过。"

弦外之音，呼之欲出。菲利普亲王应该会感到骄傲。

第十四章

婚礼宾客

当哈里王子向全世界宣告梅根·马克尔从来没有在温莎王室这样的家庭生活过的时候,他便引来了一连串的批评。

以梅根同父异母的姐姐萨曼莎为首,马克尔一家立即行动了起来。"她其实有一个永远在那里等着她的大家庭,"她气愤地说道,"我们家非常正常。爸爸和多莉亚离婚的时候,我们特意进行了安排,为的是让她感觉好像有两个家一样。"

这一次,梅根的二哥、平常不怎么搭理萨曼莎的小汤姆也站到了大姐一边。

"我父亲肯定特别受伤。他把自己的大部分时间,把一切都放在她身上。他为她提供了取得成功、走到今天所需的条件。"从专业的角度看,哈里妄议未婚妻的家庭状况是"犯了一个愚蠢的错误",一个"滔天大错"。不过,说句公道话,他的观点是以未婚妻本人对他说的话为基础的。在她成长的过程中,她没有多少家的感觉。毕竟,父母在她两岁时就分居了。不管其他人怎么看,这就是她的真实感受。

接下来的几天里,马克尔家族内斗不止,给人感觉这家人不太平。萨曼莎仍然在兜售即将出版的新书《女强人王妃妹妹的日记》,在电视上眼泪汪汪地恳求梅根原谅自己,还说希望梅根能邀请她参加婚礼。最后,萨曼莎拿到了婚礼的请柬,梅根同父异母的姐姐与未来的公爵夫人达成了和解。她甚至把书名改为《两姐妹的故事》。

有人提出，萨曼莎已经退休的父亲不应在婚礼上致辞，她对此表示坚决反对。"在婚礼上骄傲地致辞是父亲们的权利，他不应该被剥夺这项权利。父亲在婚礼上致辞不是父权制，而是诗性的公道。"

最后，身处无数种揣测中心的老汤姆·马克尔——梅根行踪不定的父亲在墨西哥的隐居点被一位富有事业心的英国小报记者找到了。尽管他收下了香槟酒贺礼，但这位退休的灯光指导并没有说明自己的打算。他说自己对女儿订婚的消息感到"欣慰"，后来又说哈里是一名"绅士"。婚礼前的几个月里，甚至有不少人在猜测梅根的父亲会不会参加女儿的婚礼。他是一个性格羞涩以至于孤僻的人，再加上他膝盖不好，走起路来会疼，因此有人觉得他不会出席女儿的大日子。他的儿子小汤姆告诉我："我父亲很佩服梅根能走到今天。我知道他挽着女儿的手走过教堂的红毯时会感到多么自豪。但是，我也知道他会感到多么恐惧。如果不去的话，他会抱憾终生。他肯定知道自己不光是代表马克尔一家，他代表的是美国。"

但是，老汤姆明确表示，他想陪女儿走过婚礼教堂的长廊。离5月大婚还有两个月的时候，这位退休灯光指导就开始试穿礼服了。

梅根本人同样很注重隐私，甚至对家人也不例外。比方说，梅根几个月前把新手机号告诉了父亲，他又告诉了萨曼莎，其实他并没有恶意。萨曼莎给梅根发了一条短信，说姐妹俩有好多年没见面了，但如果梅根想要再次联系的话，她很乐意给出建议和指导。梅根对自己的新手机号被传开一事感到不高兴，于是找母亲抱怨，她母亲又联系了自己的前夫，让他不要再泄露梅根的私人手机号。"哎呀，萨曼莎是她姐姐呀。"老汤姆答道。

同时，与萨曼莎疏远的弟弟小汤姆也觉得媒体的审视难以忍受。他的女友达琳在俄勒冈家中举行了一场酒气熏天、喧闹不已的新年夜庆祝活动，第二天就进了监狱。这是梅根和哈里关系公开以来警察第二次到汤姆家里抓人。2017年1月，他曾因"非法使用武器和恐吓他人"的罪名被捕，不过这些指控之后被撤销了。小汤姆后来告诉我，他怀疑家里有人把这件事卖给了媒体。他也承认，"媒体关注确实给我们家带来了很大压力"。

梅根的过往经历一直纠缠着她。家庭不和是一回事，站出来索要权利的前夫就是另一回事了。当她得知前夫特雷弗·恩格尔森最近将其担任制片人的一部喜剧片试播集卖给了福克斯电视频道时，她便高兴不起来了。因为这部片子的主角是一个刚刚离婚、妻子嫁入王室的男人，核心冲突是这对怨偶围绕对孩子接触权利的争斗。他是在与另一名制片人丹·法拉聊自己坎坷的爱情经历时产生的灵感。

不管这部剧会不会上映，梅根总要适应别人对她的嘲笑。她已经被写进第四台的无厘头喜剧《温莎王室》里了。凯瑟琳·德赖斯代尔将她演成了一个无情的人，喜欢跟别人炫耀自己认识的大人物，剧中的哈里则是个不识字的蠢蛋。提到蠢蛋，美国有线电视网 Lifetime 宣布将于婚礼前夕播出《哈里与梅根：王室爱情故事》。该剧的前传、2011 年推出的《威廉与凯特》被《卫报》形容为"可怕至极，让人收紧脚趾，牙齿打战，死死咬住枕头"。

梅根终生的好友、她第一次结婚时的伴娘尼娜基·普利迪决定将相册和故事卖给出价最高的媒体，最终把自己的回忆用 6 位数的价钱卖了。这事可不好玩。由于两人的友情持续了很久，梅根本来还以为她会对自己更忠诚呢。与普利迪女士和马克尔家的其他成员不同，梅根的母亲在公开场合从来不乱说话，一直支持着女儿，陪女儿讨论婚礼的细节，给出自己的建议。

实际上，梅根和哈里必须过滤掉她所说的"噪声"，专注于手里的任务——筹办婚礼。第一次结婚时，她基本把筹办婚礼的事情交给了牙买加的婚庆策划师。现在，梅根要亲自掌控每一个细节。用王子夫妇发言人的话说，大婚现场会反映出两人"童话故事般的快乐、欢笑与爱意"。

任务表的第一项就是确定宾客名单。这件事比预想中要麻烦一些。早在哈里被问到他的朋友、美国前总统巴拉克·奥巴马和前第一夫人米歇尔·奥巴马是否会拿到白色硬卡纸做成的婚礼邀请函时，端倪就已经显现出来了。他不寻常地躲躲闪闪，说现在什么都还没有定。

王室大婚的一个大问题是唐纳德·特朗普。当他还是共和党总统候选人时，梅根曾明确表达了对他的不屑。2016 年 5 月参加拉里·威尔摩尔主持的脱口秀节目时，她说要是他当选了，她就要留在加拿大。她当时的公关经理肯·森夏恩是民主党要人，她还说过会给希拉里·克林顿投票，希望她当选成为第一任女总统。

6 周后，哈里王子走进了她的生活，她也迅速从政治事务中抽身。不过，两人的第二次约会之后，她还是在 Instagram 发了一张著名标语牌"如果你（欧盟）*现在离开我，你就会深深地伤害我"的截图，以此表达她对英国公投脱离欧盟的失望之情。时间快进到 2017 年 2 月，《美国周刊》发表了一篇报道，说哈里相当不喜欢特朗普总统。

她最不希望的事情就是人望甚高的王子对美国总统开炮，然而总统似乎不以为意。在 2018 年 1 月的一次电视访谈中，皮尔斯·摩根向特朗普问起哈里王子大婚的事情，他表示自己还没有收到请柬，但还是给新人送上了祝福。皮尔斯提醒他，梅根并不喜欢他。特朗普似乎很平静："好吧，我还是祝愿他们幸福。"

身边的人请谁、不请谁同样不好作决定。梅根家四分五裂，王室家族内部同样有裂痕，这场婚礼或许有助于弥合分歧。哈里的叔叔安德鲁亲王的前妻萨拉·弗格森当初就没有被邀请参加威廉王子和凯特·米德尔顿的婚礼。她后来对奥普拉·温弗瑞承认，王室的势利让她感觉自己"一无是处"。据王宫内部人士透露，萨拉·弗格森会被邀请参加今年的婚礼。"婚礼宾客完全由

---

* 译者注：EU（欧盟）和 You（你）谐音。

哈里和梅根控制，王宫对邀请萨拉出席并无异议。"一名王宫官员说道。

由于圣乔治教堂可容纳800人，现在宾客名单也成了一件棘手的事，而这只是婚礼任务单上的一项。由于这对新人将海誓山盟的日子恰好选在了英格兰足总杯的决赛日，因此，他们必须确保既是英格兰足球总会主席又是哈里伴郎的威廉在参加婚礼后还有时间开车赶往伦敦北部的温布利体育场，与球员见面并颁发奖杯。

后勤问题解决后，两人乘经济舱飞往摩纳哥，与朋友共度新年。接着，哈里独自前往博茨瓦纳参与犀牛保护活动，把梅根和她的朋友杰西卡·穆罗尼留在诺丁汉别墅。这位专业婚庆策划师是专程从多伦多过来帮着筹备婚礼的，她俩有无数想法需要讨论。由于婚礼象征着两个国家的结合，因此，她们争论过怎样结合红白蓝英国国旗与美国星条旗才最好。梅根当然想要文雅（这也是她最喜欢的一个词），不要廉价。礼拜堂里的鲜花、她的连衣裙，乃至从女王的藏品库里借出来的王冠都是两个国家联合的象征。

当梅根来到礼拜堂，环绕观赏这座宏大的中世纪建筑时，她若是在掐了自己一下之后，依然考虑让得过艾美奖的父亲来负责婚礼电视直播的灯光布置，似乎也是情有可原的。电视机前的观众预计会有20亿之多，那会是他一生参与过的最宏大的表演。毫无疑问，他肯定会更喜欢在幕后出力。他生于洛杉矶的女儿竟有了贵族纹章，他会做何感想呢？

飞机的噪声是一个问题。全世界最繁忙的机场之一希思罗机场就在附近，梅根担心飞机起降的声音会让几十亿观众听不清他们的声音。许多美国游客都在想，英国人为什么要把温莎城堡建在希思罗机场边上呢？大婚当日，空管部门能不能最起码调整一下航线，好让大家都能听清那一句"我愿意"呢？民航局给出了肯定的答复，同意以"安全原因"为由将温莎城堡附近的航班调开。

梅根当然不会像约克公爵夫人嫁给安德鲁王子、菲菲·里斯-琼斯嫁给爱德华王子时那样说出传统的"爱情、荣誉与顺从"的誓词。她要追随戴安娜和凯特的脚步，对王子丈夫许下"爱情、舒适、荣誉与关怀"的誓言。

决定，决定，各种决定。这对新人想要用"奇思妙想"给家人和朋友一个惊喜。米德尔顿姐妹以前就这样做过。2011年婚礼晚宴期间，凯特在白金汉宫内布置了一辆高级冰激凌车和几个汉堡摊位，她的妹妹皮帕则搬来了几张乒乓球台。皮帕和网球明星罗杰·费德勒比了一场，后来又和凯特、威廉和哈里打过几场。

尽管这些都很有趣，但婚礼的核心还是梅根的婚纱。与每一位新娘一样，不管是不是王室新娘，她也希望将自己独一无二的婚纱保留到婚礼当日才展示。为了守住样式和面料的秘密，王妃婚纱的设计者可谓大费周章。之前为凯特设计过婚纱的萨拉·伯顿在工作室里拉起了纱帘，改了开门密码，还禁止清洁工进楼。其他王室婚纱设计师烧掉了样品，毁掉了铅笔草图，以防有人偷看。梅根的婚纱设计师中呼声最高的是御用设计师斯图尔特·帕尔文，他曾为安妮长公主的女儿扎拉·菲利普斯设计婚纱。其他热门人选包括埃德姆·莫拉里奥格鲁、罗兰·穆雷、维多利亚·贝克汉姆，当然还有斯特拉·麦卡特尼。

《金装律师》的制片人预料到第七季会是梅根出演的最后一季，而且王室婚礼肯定会引发极大的关注，于是片方放出了一部包含梅根婚纱剧照的第七季高潮情节预告片。经历了那么多起起伏伏，梅根扮演的蕾切尔·扎恩终于要与荧屏情侣迈克·罗斯结婚了。这真是"艺术源于生活"了，片方希望此举能将剧集的评分拉到梅根现实婚礼的高度。

尽管全世界都在期盼着能有些许关于婚礼的信息，但梅根没有像她刚和王子谈恋爱时那样在社交媒体上发布消息，这一次连半点线索都没有。她早在2017年3月就关闭了个人博客The Tig，2018年1月更是关掉了所有社交媒体账号，包括Instagram、Twitter和Facebook，而且删掉了全部个人照片和言论。

社交媒体账号还没关的时候，她积累了庞大的粉丝群，Instagram粉丝数过百万，Twitter和Facebook的粉丝数量分别是35万和80万。粉丝们对梅根关闭账号的决定感到很生气，发起了一场重开账号的请愿运动。请愿的带头人是meghanmaven.com的运营者萨布丽娜.A，她提出关闭社交媒体账号会切断王室与一批全新受众的联系，尤其是在梅根加入王室后，王室网站的点击量暴增了100多万的情况下，就更不应该关闭梅根的账号了。

她说得有道理。毕竟，安德鲁王子的大女儿比阿特丽斯公主有Twitter账号，其他一些欧洲王室成员也有个人社交媒体账号，尤其是摩纳哥王妃夏琳和瑞典公主玛德琳。另一位出身美国的王妃、现为约旦扎伊德王妃的萨拉·巴特勒也有自己的Twitter账号，主要关注全球学习、难民和救灾等重大议题。

近几个月里，关于梅根和哈里王子的消息都是通过肯辛顿宫和王室成员的官方账号发布的。归根结底，梅根或许会希望拥有个人平台来宣传自己的工作和认定的事业。粉丝们认为，她的个人平台应该建立在现有粉丝群基础上。有人对我说，王室内部对此存在争议。支持王室成员开设个人网站的官员们也明白，他们不能"盖过女王的风头"。

假如她还能用社交媒体账号的话，她肯定对温莎城堡所在地区议会的领导人西蒙·杜德利有几句话说。杜德利作出了一个有争议的决定，要求警方在婚礼之前将无家可归、"具有攻击性"的乞丐从城堡周边赶走。

很多人认为他的这番言论欠妥，还有人呼吁将他免职。讽刺的是，早在1月初梅根要和杰西卡·穆罗尼敲定婚礼细节的时候就爆发过一场争论。梅根参与的第一项公益活动就是中学时代帮助洛杉矶市中心的流浪汉，杰西卡则是鞋盒项目的共同发起者，该项目已经向居住在棚屋中的无家可归女性捐赠了9.1万套卫生用品。因此，清理乞丐会带来的反应不用往肯辛顿宫打热线电话就能知道。此外，威廉王子及其亡母都是"中心点"的赞助人，该慈善机构是为扶助无家可归的年轻人而设立的，正是这个原因议会领导人杜德利招来了王室的震怒。

争论持续发酵期间，梅根和哈里进行了第二次联合官方视察活动，目的地是一家位于伦敦南部的非洲裔和加勒比裔聚居区布里克斯顿的社会企业——Reprezent 107.3FM 广播站。激动的围观人群高喊着"我们爱你",梅根则报以微笑、挥手和飞吻。欢呼声越来越高,她悄悄地把手盖到了嘴上。

这家广播站每年会为上百名年轻人提供媒体及相关技能的培训。视察期间,支持性别平等的梅根专门找到 24 岁的播报员 YV 谢尔斯(YV Shells),问他是否支持女性做 DJ、女性赋能、建立非男性主导场所。"太了不起了!"她说道。

人们的注意力不可避免地放在了她的衣着上:一件 45 英镑的喇叭袖黑色羊毛套衫,这是从中端服装连锁品牌玛莎百货买来的。这件套衫与订婚照中那件 5.6 万英镑的婚纱形成了鲜明对比。

来到户外漫步时,她会见了来自美国巴尔的摩的两名学生詹妮弗·马丁内斯和米莉森特·萨苏。詹妮弗对梅根带来的美国气息表示了赞赏:"她是黑人,她是白人,她是演员,她是美国人。她什么都引入了一点。她有各种品质。她带来了太多新事物。"

并不是每个人都这样想。前英国国会议员安·韦德康参加电视真人秀《名人老大哥》时用"麻烦"来形容梅根,说自己对哈里未婚妻的"背景"和"态度"怀有忧虑。支持脱欧的英国独立党党魁亨利·伯顿女友的种族歧视言论被公之于众,令事态越发恶劣。

乔·玛尼是一名美丽动人的模特,她给一位朋友发了一连串短信,说梅根的"种"会"玷污"王室血脉,为"黑人国王"铺平道路。伯顿拒绝下台,独立党的许多前座议员遂走出议会厅以示抗议。

眼见党员人数越来越少,他最终被党内投票开除出党。投票前的 2 月，梅根和哈里王子在肯辛顿宫收到了一封令人警惕的信，除了表达种族歧视思想的正文外，信中还有一些白色粉末。这封信正是导致伯顿被开除的"最后一根稻草"。尽管白色粉末被认定为无害，此事不禁令人回想起 2001 年 "9·11" 事件一周之后的炭疽事件，当时多名美国参议员和其他人士收到了含有致死病菌炭疽粉的邮件，这在美国引起了恐慌。

该事件被官方认定为种族仇恨犯罪，虽然现在已有很多证据，但它进一步证明种族偏见在多民族混居的英国仍然是一个重大问题。对那些想了解摄像机和麦克风背后的王室生活内幕的人来说，种族和肤色仍然是值得关注的敏感问题。

这个问题的答案或许令人惊讶。皇室内部的主要区分点是阶级，而非肤色。尽管凯特王妃现在好像已经融入王室，但最开始的情况并非如此。与来自加州的混血儿梅根相比，她作为 400 年来第一位平民王妃，承受的来自宫廷内部的偏见和歧视要多得多。自从凯特在苏格兰圣安德鲁大学第一次与威廉见面时起，她就被宫廷上下视为那个鼓励他坚持学业的女孩（他在第一个学期曾发生过动摇，而且闹得尽人皆知）。她被视为一名可爱的中产阶级女孩，完成学业后会嫁给一位与她同阶级的男人。当两人的友情升华为爱情时，王室上下皆感震惊。"她是混进来的。"一名宫廷人士说道。

当她开始接触威廉的贵族朋友时，她受到的待遇是冷嘲热讽和彻底的冷漠。问题主要出在凯特的母亲身上，她是在绍索尔的公租房中长大的，而且当过空姐。威廉的势利眼朋友们会大喊："舱门手动模式开启。"另外,威廉之前发出的信号也似是而非,对凯特表达出的态度模糊,这更让其他人有了批评和指摘的机会。哈里的情况不一样。他从一开始就认定了梅根。没有"如果",没有"但是",不管她是平民还是贵族,他容不得宫里的任何人对他选择的新娘说三道四。公平地说,宫内人员一直严守界限,没有看不起梅根。所谓上行下效,这里的"上"起到的完全是积极带头作用。

实际上,尽管梅根与哈里王子2017年11月才正式订婚,但她仿佛早就加入了王室家族。梅根公开露面的次数屈指可数,但她已经走在了成为万民拥戴的"国宝"的路上。南伦敦视察之后一周,她又去了威尔士。此时的她已经完全褪去了前两次出场时略带的羞涩,举止自如,随性而动,过得很开心。

在加的夫城堡内散步时,她说自己是一个"超级幸运的女人",甚至跟两名粉丝打趣说,这座威尔士城市要是办一场女子单身派对肯定"有意思"。与第一次外出访问不同,她现在非常自信,与大家合影留念,给一名女学生粉丝送了一张签名照,还用"女性主义者"来形容自己的未婚夫。她甚至获得了一柄象征爱情的威尔士传统木勺作为预祝结婚的礼物。

当她与哈里来到经济落后的特莱莫法地区的星枢社区休闲娱乐中心时,"梅根热"达到了高潮。很快,一群渴望跟她见面的年轻人就围了上来。哈里给出了暗示:"咱们一块给梅根一个大大的拥抱吧!"

此次出访圆满成功,就连愤世嫉俗的小报记者们都对她的表现感动落泪。"随着美国女演员将现代名流的热情传给爱戴她的民众，几百年的王室传统就此消融。"《太阳报》记者杰克·罗伊斯顿如是说。

加的夫之行结束后，哈里开车带梅根去附近见他生命中另一位重要的女性：他当年的保姆兼玩伴蒂吉·莱格-伯克。戴安娜离婚去世之后，两位小王子就是由她照看的。她对梅根未婚夫的成长有着极大的影响，现在正是梅根结识这位女士的机会。

尽管她永远不能和哈里的母亲见面，但戴安娜的影响和存在感无处不在。梅根第一次出席晚宴是在伦敦市中心的戈德史密斯大堂。巧的是，当年戴安娜王妃在圣保罗大教堂举行婚礼前夕参加的第一次晚宴也是在这里。

一代人过去了，如今戴安娜的小儿子又把未婚妻带到了这里。两人担任哈里王室基金会设立的奋进基金奖的嘉宾，该奖设立的目的是表彰在前一年中取得体育比赛成绩的伤残病退伍军人。梅根对颁奖典礼可谓驾轻就熟、从容冷静。装着"优秀奖"获奖名单的信封突然找不到了，另一位主持人找了好几秒钟才找到，梅根却并未表现出慌乱。她对应邀出席的退役军人及其家属说道："我对来到这里深感荣幸。"与第一次参加晚宴时身穿低胸连衣裙、下车时险些走光的戴安娜不同，梅根穿了一件亚历山大·麦昆设计的精美顺滑的裤装。19岁的戴安娜肯定会对这般自信惊叹不已。在某些方面，沉稳老练、不惧镜头的梅根正是戴安娜一直努力想成为的人。

不过，她们也有许多共同点。两位女士虽然影响范围有所不同但都富有魅力；而且两人都意识到自己掌握着为世界做一点好事的能力。

但是，当戴安娜试图突破大西洋两岸的种族与阶级藩篱时，名声不仅为她带来了魅力，也让她容易受到伤害。脆弱反而平添了她的魅力，尤其是对婚姻不幸的女性来说。她到临终关怀医院进行的社会工作不仅抚慰了这些女性的心，也疗愈了她自己的心。

在评判梅根的众多优秀品质时，我们不会立即想到"脆弱"这个词。她自然是富有同情心的，而且她也很自信、老练、从容，上台演讲和拍摄照片时同样自如。她坚定自信，是决心打破社会对女性看不见的束缚的新一代女性旗手。

梅根多次证明了自己的团队合作能力，热情地融入了新的家庭与国家。这位加州女孩内心里可能对屈膝行礼感到不悦，可能会怀念当年富有个人风格的自拍，也可能会因为在伦敦市中心几乎找不到熟透的鳄梨与优质的高温瑜伽馆而感到生气，但是她会过得很好。她会习惯并听懂德比、莱切斯特和托基的口音，她会明白英国人不喜欢直来直去，她会发现"irony"不只是熨烫设计师衬衫的工具，还有"讽刺"的意思。她还会发现，尽管英国人和美国人母语相通，脾性却大不相同，而这个发现有时还会带来痛苦。

她加入王室家族既是挑战，也是机遇。

早在她的生活被哈里王子改变之前，梅根就已经清楚地表达了未来人生的信条。有一次从卢旺达归来后，她在如今已经关闭的博客 The Tig 中写道："我的世界在难民营和红地毯之间轮转。我两者兼顾，因为我相信这两个世界可以共存。我从来不想当一个饱食终日的太太，我一直想成为一名有事业的女性。这种事业滋养着我的灵魂，哺育着我的生活意义。"

尽管如此，她能加入王室家族本身就让英国君主制显得更加包容，更加贴合多元文化并存的当代英国，尤其是在这个国家正在努力适应脱欧后的世界。

英国女王与梅根的母亲——非裔美国人多莉亚·拉格兰的画像并排摆在圣乔治礼拜堂外，那是一个标志性的时刻：一个是黑奴的后代，另一个则是英国历史上在位时间最长的君主。梅根已经证明了自己是一名广受欢迎的王妃，她将与丈夫和高贵的王室相得益彰，为白金汉宫冰冷的走廊带来一丝清爽、多样、温暖的气息。

她的众多粉丝和仰慕者正在急迫地等待着盛大王室婚礼之后会发生什么。凭借聪颖、精明、美貌与才华，梅根正是美国梦的代表：通过努力和能力实现梦想，走向成功。当她的人生与哈里王子交会时，王子已经证明，出身和血统赋予了他种种特权，但他本身也是一个值得尊敬的人，这种尊敬不是由出身与血统带来的，而是自己争取来的。两人或许来自不同的国家、背景和文化，但他们的结合代表着一个共和国与一个君主国之间不同寻常的纽带。